하루 15분 질문하는 세계사

일러두기

- 이 책의 고유 명사(지명, 인명 등)는 중·고등학교 역사 교과서와 국립국어원의 외래어 표기법을 따랐습니다.
- 역사 연도는 학계의 최신 연구 결과를 두루 고려해 표기했습니다.

하루 15분 질문하는 세계사
❶ 인류의 등장과 고대 통일 제국의 형성

글 곽민수 | **그림** 이경석 | **감수** 조한욱
펴낸날 2023년 8월 17일 초판 1쇄, 2023년 10월 20일 초판 2쇄
펴낸이 신광수 | **CS본부장** 강윤구 | **출판개발실장** 위귀영 | **디자인실장** 손현지
아동콘텐츠개발팀 박재영, 백한별 | **출판디자인팀** 최진아, 강륜아 | **진행** 최혜원 | **저작권 업무** 김마이, 이아람
출판사업팀 이용복, 민현기, 우광일, 김선영, 신지애, 허성배, 이강원, 정유, 설유상, 정슬기, 정재욱, 박세화, 김종민, 전지현
CS지원팀 강승훈, 봉대중, 이주연, 이형배, 이우성, 전효정, 신재윤, 장현우, 정보길
펴낸곳 (주)미래엔 | **등록** 1950년 11월 1일 제16-67호 | **주소** 서울특별시 서초구 신반포로 321
전화 미래엔 고객센터 1800-8890 **팩스** 541-8249 | **홈페이지 주소** www.mirae-n.com

ISBN 979-11-6841-588-1 74900
ISBN 979-11-6841-587-4 (세트)

ⓒ 곽민수, 이경석 2023

책값은 뒤표지에 있습니다.
파본은 구입처에서 교환해 드리며, 관련 법령에 따라 환불해 드립니다. 다만, 제품 훼손 시 환불이 불가능합니다.

하루 15분 질문하는 세계사

❶ 인류의 등장과 고대 통일 제국의 형성

곽민수 글 | 이경석 그림 | 조한욱 감수

"이미 지나간 과거의 사건들을 하나하나, 시시콜콜 알아야 하나요?"

역사를 알아야 한다고 하면, 이렇게 말하는 친구가 있을 것입니다. 하지만 과거의 사건들은 단순히 과거에만 머무르지 않습니다. 과거의 하루하루가 쌓여 현재를 만들고, 그 현재가 쌓여 미래를 만들기 때문입니다. 그렇기에 현재를 이해하고 미래를 내다보는 안목을 기르기 위해서는 역사를 아는 것이 중요합니다. 그러면 또 이렇게 묻는 친구들이 있을 것입니다.

"그럼 내가 사는 나라의 역사만 알아도 되는 것 아닌가요?"

아니요. 그렇지 않습니다. 다른 나라와 교류 없이 고립된 역사를 이룩한 나라는 없을 것입니다. 전 세계 모든 나라는 다른 나라와 관계를 맺으며 끊임없는 흥망성쇠를 거듭해 왔습니다. 그렇게 형성된 세계 역사, 곧 세계사는 오늘날 세계정세에도 영향을 미치고 있습니다. 2022년에 일어난 우크라이나와 러시아 간의 전쟁이나 오랜 기간 지속되어 온 인도와 파키스탄 간의 종교 및 영토 분쟁, 또 중국과 대만 간의 갈등 속에는 각 나라 간에 떼려야 뗄 수 없는 역사적 관계가 복잡하게 얽혀 있습니다. 만약 우리가 이러한 나라들의 역사를 알고 있다면, 지구촌 뉴스를 보고 받아들이는 관점과 이해의 깊이는 남다를 것입니다.

하지만 까마득한 옛날, 최초의 인류가 등장한 때부터 오늘날 우리가 있기까지 약 420만 년간의 방대한 역사를 공부한다는 것은 초등학생 친구들에겐 선뜻 엄두가 나지 않는 일일 것입니다. 그것도 한 나라의 역사가 아니라 지구 곳곳 수많은 나라의 얼키설키한 역사니까요.

〈하루 15분 질문하는 세계사〉 시리즈는 이처럼 길고 복잡하게 이어져 온 세계 역사에서 각 시대를 대표할 만한 중요한 사건들을 골라, 장면 중심으로 서술해 어린이들이 세계사의 핵심 흐름을 쉽고 재미있게 파악하도록 이끌어 주는 책입니다. 시대별로 가려 뽑은 세계사의 주요 순간들을 크고 생생한 삽화로 살펴보고, 지구에 유학 온 외계인과 그 외계인을 우연히 만나게 된 남매와 삼촌이 나누는 세계사 관련 문답을 따라가면서 세계사에 대한 이해를 넓힐 수 있도록 구성되어 있습니다. 하루 15분씩, 이 책의 차례를 따라 꾸준히 읽고 책 속 등장인물과 함께 인류의 역사적 발자취를 짚어 나가다 보면 어느새 세계사 밑거름 상식도 쌓이고 과거와 현재, 미래를 보는 안목이 한층 높아진 자신을 발견할 것입니다.

어린이 여러분이 주역이 되어 만들어 나갈 미래를 응원합니다.

조한욱(한국교원대학교 역사교육과 명예교수)

오래전에 세계사를 어려워하는 어린이를 만난 적이 있어요. 낯선 나라나 낯선 이름이 많이 나오니 너무 어렵다고 말했었지요. 맞아요. 세계사의 엄청난 정보들을 처음부터 한꺼번에 몽땅 다 배우는 것은 너무 어려운 일이에요. 그래서 어린이들에게 쉽고 재미있는 세계사 책을 매일 조금씩 읽게 하면 좋겠다고 생각했어요. 그러면 차차 더 깊은 이야기를 다룬 세계사 책도 쉽게 읽을 수 있게 될 테니까요.

그러다 이 책을 쓰게 되었어요. 하루에 15분씩, 으뜸이와 버들이, 그리고 외계인 친구와 삼촌이 매일 세계사 수업을 이어 가는 책을요. 삼촌의 질문을 듣고, 으뜸이와 버들이와 외계인이 답을 찾는 과정을 따라가다 보면, 어느새 여러분의 머릿속에 세계사에 대한 알찬 상식들이 가득 쌓일 거예요. 그리고 지구인의 역사를 잘 모르는 다른 외계인 친구를 만나 여러분의 세계사 지식을 뽐내고 싶어질지도 몰라요.

이 책 1권에서는 으뜸이와 버들이가 외계인을 처음 만나 역사를 전공한 삼촌에게 도움을 받으며 여러 고대 문명과 통일 제국이 세워지는 과정을 알아보는 내용이 담겨 있어요. 세계사에 지대한 영향을 미친 사건에 관한 열다섯 개의 질문을 하나씩 해결하고 나면, 고대 사람들은 어떤 환경에서 어떻게 살았는지, 그리고 오늘날 우리에게 어떤 영향을 미쳤는지를 조금이나마 알 수 있을 거예요.

알고 보면 세계사는 아주 재미있어요. 지구상의 수많은 나라가 어떻게 만들어졌고, 지금까지 어떻게 발전해 왔는지 알 수 있거든요. 어떤 나라는 옛날과 크게 다를 바 없이 살아가고 있고, 또 어떤 나라는 과거의 모습과는 전혀 다르게 살아가고 있기도 해요. 과거의 일로 아직도 서로 날을 세우며 싸우는 나라도 있고, 과거에는 사이가 좋지 않았어도 지금은 서로 평화롭게 지내는 나라도 있어요. 과거에는 큰 번영을 누렸지만 지금은 그렇지 못한 나라도 있고, 여전히 매우 풍요로운 나라도 있지요. 이렇게, 우리는 역사를 통해 과거의 잘못을 되돌아보고 앞으로 어떻게 나아가야 할지를 배우기도 한답니다.

아마 외계인도 지구인의 역사에 배울 점이 많다는 것을 잘 알고 있었나 봐요. 그래서 우리 외계인 친구가 지구인의 모든 역사를 배워 오라는 특명을 받고 나타난 게 아닐까요?

자, 그럼 지금부터 으뜸이와 버들이 남매, 역사에 해박한 삼촌, 그리고 공부 의욕 가득한 외계인과 함께 세계사 수업을 시작해 볼까요?

곽민수 작가

← → 등장인물 소개 🔍 ⭐

으뜸이

초등학교 5학년.
기억력과 추론 능력이 뛰어나다.
동생 버들이를 짓궂게 놀린 뒤
버들이의 반응을 보는 걸
좋아하는 흔한 K-오빠지만,
결정적인 순간에는
듬직한 모습을 보여 준다.

버들이

초등학교 4학년.
으뜸이의 한 살 터울 동생이다.
공부에는 소질이 없지만
그림 그리기를 좋아하고,
제법 잘 그린다.
오빠 으뜸이가 놀릴 때마다
부글부글 화가 나지만, 오빠를
생각하는 마음은 그 누구보다 크다.

외계인

400살.
어느 날 갑자기 으뜸이, 버들이네 집 뒷마당에 불시착한 진짜 외계인. 1년간 지구인의 모든 역사를 공부해 오라는 특명을 받고 지구별에 왔다. 아이큐가 29,876이나 되는 뛰어난 두뇌를 가지고 있어 배운 걸 모조리 기억한다.

삼촌

35살.
대학 졸업 후 끊임없이 꿈을 찾아 헤매는 취업 준비생이다. 대학에서 역사를 전공한 실력을 살려, 으뜸이와 버들이, 외계인에게 하루 15분씩 세계사 수업을 해 준다. 귀찮아하는 것 같지만, 알고 보면 세계사 수업을 무척 좋아한다.

차례

프롤로그
특명! 지구별 인류의 모든 역사를 공부하라! ·············· 12

질문 하나
지구에 최초로 등장한
인류는 누구일까? ································· 20

질문 둘
문자와 기록이 없던 시대의 역사를
구분하는 기준은 무엇일까? ························ 32

질문 셋
문명의 시작을 알린
'세계 4대 문명'의 공통점은? ······················· 44

질문 넷
'눈에는 눈, 이에는 이' 원칙을
법으로 정해 비석에 새긴 법전은? ·················· 52

질문 다섯
이집트 피라미드는
무엇에 쓰려고 만들었을까? ························ 64

질문 여섯
한자의 기원이자,
거북이 배딱지에 새긴 문자는? ····················· 78

질문 일곱
오랫동안 땅속에 묻혀 있던
고대 인도의 계획도시는? ·························· 90

질문 여덟
약 3,000년 전부터 지금까지
내려오는 인도의 신분 제도는? ···················· 102

질문 아홉
지중해를 중심으로 활발히 전파되어
영어 알파벳의 기원이 된 문자는? ················· 112

질문 열
시민이 참여하는 민주 정치를
최초로 꽃피운 나라는? ··························· 124

질문 열하나
마케도니아의 왕 알렉산드로스가 자기 이름을 따
정복지 곳곳에 세운 대도시의 이름은? ············· 136

질문 열둘
중국의 사상가인 공자, 맹자, 노자,
장자의 이름 속 '자(子)'의 뜻은? ·················· 150

질문 열셋
불로장생을 꿈꾸며 죽은 사람을 지키는 병사를
자기 무덤에 세운 인물은? ························ 160

질문 열넷
자비와 평등을 강조한 인도의
고타마 싯다르타가 창시한 종교는? ················ 170

질문 열다섯
큰 강이 아닌 밀림 지대에서 일어난
아메리카 대륙의 고대 문명은? ···················· 182

에필로그
아닌 밤중에 갑자기 중간시험? ···················· 192

사진 출처 ·· 196

 # 특명! 지구별 인류의 모든 역사를 공부하라!

아시아, 유럽, 아프리카, 오세아니아, 남아메리카, 북아메리카……. 좋아, 지구별에 거의 다 온 것 같군. 과연 어떤 지구인들을 만나게 될지 벌써부터 기대가 된다.

유럽

아시아

아프리카

인도양

오세아

남극

"완벽해. 이번 사생 대회 대상은 내 차지야!"

스케치북에 마당 풍경을 담고 있던 버들이가 큰 소리로 외쳤습니다. 그림 그리기를 좋아하는 버들이는 지난번 사생 대회에서 대상을 놓친 것을 지금까지 아쉬워하고 있던 참이었습니다.

"풉, 지나가던 유치원생도 이 정도는 그리겠다!"

버들이의 하나밖에 없는 오빠, 으뜸이가 한마디 던졌습니다. 으뜸이는 꼭 이렇게 버들이를 놀리곤 합니다. 그래도 버들이는 꾹 참습니다. 으뜸이가 공부는 잘할지 몰라도, 그림에는 전혀 소질이 없으니까요. 그림의 '그' 자도 모르는 으뜸이 말을, 버들이는 신경 쓰지 않기로 했습니다.

"으으, 오늘도 내가 참는다, 참아."

그런데 그때!

슈우우웅! 우당탕!

이제껏 들어 본 적 없는 엄청난 굉음과 함께 집이 흔들리자, 으뜸이와 버들이는 그 자리에 얼어붙었습니다.

"오, 오빠, 이게 무슨 소리야?"

"뒷마당에서 난 소리 같은데? 얼른 가 보자!"

남매는 덜덜 떨며 서로 손을 꼭 잡고 뒷마당으로 향했습니다.

그런데…… 이럴 수가! 집 뒷마당에 거대한 물체가 추락해 있었습니다.

"맙소사! 어제 봤던 영화에 나온 우주선이랑 완전 똑같아!"

그때 우주선 안에서 누군가 움직이는 모습이 보였습니다.

"저건 설마…… 외계인?"

으뜸이가 중얼거렸습니다. 두 눈을 비비고 다시 봐도 진짜 외계인이었습니다. 으뜸이는 가슴이 두근거려 참을 수 없었습니다. 그렇지 않아도 요즘 외계인 이야기에 푹 빠져 있던 참입니다.

외계인이 우주선 내부의 버튼을 꾹 누르자, 공중에 영상이 나타났습니다.

짧은 영상이 끝나고, 외계인이 우주선에서 걸어 나와 말을 걸었습니다.

"안녕, 지구인들. 나는 아주 먼 별에서 온 외계인이다. 아름답고 푸른 별 지구에 사는 지구인의 모든 역사를 공부해 오라는 특명을 받고 이곳에 왔다."

으뜸이와 버들이는 얼떨결에 손을 흔들며 외계인에게 인사했습니다. 그러고는 서로의 볼을 세게 꼬집어 보았습니다. 악! 소리가 날 정도로 아픈 걸 보니 꿈은 아닌 것 같았습니다.

외계인이 다시 입을 열었습니다.

"그럼 이제부터 우린 친구인 건가?"

"친구?"

으뜸이와 버들이는 서로 흘끗 보고는 외계인을 향해 고개를 끄덕였습니다. 그런데 외계인이 갑자기 푹 쓰러졌습니다! 놀란 남매가 외계인에게 달려가는데…… 이런!

외계인의 코에서 우렁찬 소리가 났습니다.

남매는 외계인을 으뜸이 방으로 데려갔습니다. 외계인은 끝없이 잠을 자는 듯했습니다. 오랫동안 머나먼 여행을 한 것 같았습니다.

"버들아, 외계인이 우리 집에 있다는 건 일급비밀이야. 누구에게도 말해선 안 돼. 알았지?"

으뜸이는 진지한 말투로 당부했습니다. 버들이도 이 황당하고 엉뚱한 상황에 달리 할 말이 없어 고개를 끄덕였습니다.

그 순간! 방문이 벌컥 열렸습니다.

"하핫! 너희 뭐 하니?"

"앗, 깜짝이야! 삼촌!"

그렇습니다. 싱글싱글 웃으며 들어온 사람은 남매와 함께 살고 있는 삼촌입니다. 삼촌은 모르는 게 없는 척척박사에다 부지런하고, 조카들과도 잘 놀아 줍니다. 그런데 직장에 다니지는 않습니다. 아직 하고 싶은 일을 찾지 못했기 때문입니다.

뭐, 아무렴 어떤가요? 으뜸이와 버들이에게는 최고의 삼촌인걸요.

으뜸이가 조심스럽게 입을 열었습니다.

"삼촌, 못 믿으시겠지만 얘 뒷마당에 불시착한 외계인이에요."

삼촌은 웬 뚱딴지 같은 소리냐는 표정을 지었습니다. 그러자 버들이도 으뜸이를 거들며 한마디 덧붙였습니다.

"우주에서 온 유학생인데, 지구인의 모든 역사를 공부해 오라는 특명을 받았대요."

"그게 대체 무슨 소리니? 저 외계인 인형은 또 뭐고?"

그때였습니다.

하아아아암~!

인형, 아니 외계인이 기지개를 켜더니 벌떡 일어나 앉았습니다!

"으아아아악! 인형이 움직였다아아!"

삼촌이 기겁하며 비명을 질렀습니다.

"으아아아아악!"

외계인도 놀라 덩달아 비명을 질렀습니다.

"외계인아, 여긴 우리 삼촌이야. 삼촌은 우리 편이니까 안심해도 돼."

삼촌은 앞뒤 사정을 다 듣고 눈이 초롱초롱해졌습니다. 새로운 것을 알면 호기심이 샘솟는 성격에다 평소에도 엉뚱한 상상을 자주 하던 삼촌입니다.

외계인이 입을 열었습니다.

"딱 보니 이 친구들보다 똑똑한 것 같다. 오늘부터 삼촌을 내 선생으로 모시겠다. 삼촌 선생, 나를 도와줘라. 난 1년 안에 지구인의 역사를 모두 공부해서 최종 시험에 100점을 받아야만 다시 우리 별로 돌아갈 수 있다. 시간이 없다, 부탁이다."

버들이와 으뜸이는 처음 듣는 시험 이야기에 깜짝 놀랐습니다. 그러자 삼촌이 아까보다 더 초롱초롱한 눈빛으로 말했습니다.

"가만, 지구인의 역사라면 세계사라는 말인데?"

"그렇다."

"그럼 내가 도와줄 수 있겠다. 난 대학교에서 역사를 공부했거든. 근데…… 내가 좀 바빠서 말이지."

으뜸이와 버들이는 자기도 모르게 피식 웃었습니다. 삼촌에겐 남는 게 시간이라는 걸 누구보다 잘 알고 있기 때문입니다.

"그럼 세계사와 관련된 중요한 질문 몇 가지를 골라 올게."

삼촌의 말에 남매는 침을 꼴깍 삼켰습니다. 외계인을 도울 생각에 마음이 설레기 시작했습니다. 삼촌이 말을 이었습니다.

"내가 세계사에 대한 질문을 던지고 하루 15분씩 세계사 이야기를 나눠 보는 수업을 하자. 질문하고, 답하다 보면 어느새 세계사의 흐름이 머릿속에 들어올 거야. 그러면 외계인도 자기 별로 무사히 돌아갈……."

"삼촌, 저도 도울래요!"

"저도요, 삼촌!"

삼촌의 말이 채 끝나기도 전에 으뜸이와 버들이가 아우성쳤습니다.

"그래? 너희 나중에 공부하기 싫다고 발뺌하면 안 된다?"

"그럼요! 저는 한 입으로 두말 안 한다고요. 히히."

으뜸이의 말에 삼촌과 외계인이 씩 웃었습니다. 지구인 셋과 외계인이 함께하는 좌충우돌 세계사 수업은 이렇게 시작되었습니다.

삼촌의 질문 하나

지구에 최초로 등장한 인류는 누구일까?

지구의 나이가 몇 살인지 알아?
자그마치 약 45억 살에서 46억 살쯤 된대.
그럼 과연 인류는 언제, 어느 대륙에서 처음 나타났을까?
지구에 유학 온 외계인이 고향별에서 배운 대로라면
약 420만 년에서 390만 년 전, 남아프리카에서 최초의 인류가
등장했대. 그럼 이 존재가 우리의 조상인 걸까?

채집이라면 나를 따라올 자가 없지!

세계사 수업 1일 차 　으뜸·버들이네 집

이 사진이 우리 인류의 조상이라고? 아무리 봐도 침팬지 같은데?

아니다. 분명 이 존재가 너희의 조상이라고 배웠다.

버들이가 생각했던 인류의 조상

오스트랄로피테쿠스 아파렌시스

으하하! 너희, 내가 보낸 질문이랑 사진 봤니?

아, 삼촌! 왜 이제 오신 거예요!

아니, 저한테 미리 힌트 주기가 그렇게 어려우세요? 지구인이 외계인보다 세계사를 더 모른다는 게 얼마나 창피한지 아시냐고요!

뭐 어때? 모르면 배우는 거지! 그리고 외계인이 너보다 나이도 훨씬 많다며?

내가 키는 작지만 이래 봬도 400살이다.

자, 이 두 뼈의 모습을 보자. 어때? 서로 같아 보이니?

침팬지 뼈
오스트랄로피테쿠스 아파렌시스 뼈

아니요.

좀 달라 보여요.

오스트랄로피테쿠스 아파렌시스의 머리뼈가 침팬지의 머리뼈보다 크다. 그럼 뇌도 더 클 테니 머리도 더 좋을 거다.

맞아. 그리고 넓은 골반뼈와 안쪽으로 기울어진 허벅지 뼈, 작은 어깨뼈를 보면 오스트랄로피테쿠스 아파렌시스가 두 발로 걸었을 거라 추측된단다.

오스트랄로피테쿠스 아파렌시스

하나 더! 아프리카 탄자니아에서 발견된 오스트랄로피테쿠스의 발자국 화석을 보면, 땅에 손을 짚고 걸은 흔적이 없어. 그리고 우리처럼 엄지발가락이 크고 앞으로 뻗어 있었다는 걸 알 수 있지.

설마, 저 오스트랄로피테쿠스 아파렌시스가 최초의 인류고 우리 조상이라는 말을 하시려는 거예요?

글쎄다. 으뜸이 네 질문에 대답하려면 먼저 사람이랑 침팬지가 어떻게 다른지 꼼꼼히 따져 봐야 할걸.

남아프리카에 나타난 최초의 인류, 오스트랄로피테쿠스 아파렌시스

 삼촌 선생, 세계사를 공부한다더니 왜 사람과 침팬지를 비교하는 거야?

이게 세계사 공부의 시작이야. 지금까지 사람들이 지구 위에서 어떻게 살아왔는지를 알려면 사람이 언제 나타났는지, 사람이 다른 동물과는 어떤 차이가 있는지 알아야 하지 않겠어?

 음, 맞는 말 같네요.

맞는 말 같은 게 아니라 맞는 말이라니까. 흐흐, 좋아. 그럼 질문 하나 할게. 자, 사람하고 다른 동물은 어떤 차이가 있을까?

 사람은 다른 동물과는 달리 두 발로 걸어 다녀요.

그렇지. 사람처럼 등을 세우고 두 발로 서서 걷는 것을 '직립 보행'한다고 해. 이것이 사람과 다른 동물의 첫 번째 차이점이야. 화석으로 그 존재가 알려진 과거의 인류를 '원시 인류'라고 하거든? 그중에서도 약

420만 년에서 390만 년 전 남아프리카에서 처음 나타난 오스트랄로피테쿠스 아파렌시스의 경우를 한번 보자. 1974년 고인류학자 도널드 조핸슨은 아프리카 에티오피아에서 오스트랄로피테쿠스 아파렌시스의 뼈 화석을 발견했어. 원숭이의 조상인 것 같기도 하고, 사람의 조상인 것 같기도 한 이 화석을 연구한 끝에, 구부정하지만 두 발로 걸었을 것이라 발표했지. 등을 세우고 두 발로 걸은 인류에게 무슨 일이 벌어졌을까?

도널드 조핸슨은 자신이 발견한 뼈 화석에 '루시'란 이름을 붙였어. 이 사진은 루시의 뼈 화석을 토대로 복원한 오스트랄로피테쿠스 아파렌시스의 모습이야.

고개를 들고 파란 하늘을 보거나, 손을 뻗어서 나무 열매를 따 먹었겠죠?

그래. 두 발로 걷다 보니 두 손이 자유로워졌겠지? 덕분에 무서운 짐승이 공격하면 도망치거나, 잡히면 속수무책으로 당할 수밖에 없다가 드디어 두 손을 써서 몸을 지킬 수 있게 된 거야. 어떻게? '도구'를 만들어서! 도구를 만들었다는 게 사람과 다른 동물의 두 번째 차이점이야. 도구를 만들어 사용했다고 알려진 원시 인류는 약 250만 년에서 230만 년 전에 등장한 '호모 하빌리스'란다.

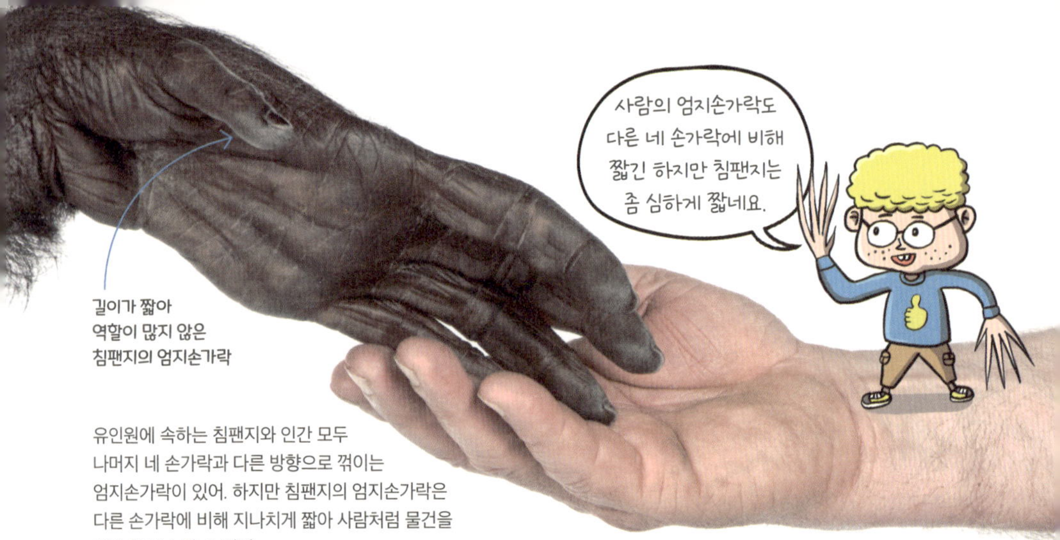

길이가 짧아
역할이 많지 않은
침팬지의 엄지손가락

유인원에 속하는 침팬지와 인간 모두 나머지 네 손가락과 다른 방향으로 꺾이는 엄지손가락이 있어. 하지만 침팬지의 엄지손가락은 다른 손가락에 비해 지나치게 짧아 사람처럼 물건을 세게 감거나 쥘 수 없지.

그런데 얘들아, 도구가 있다고 혼자 무서운 곰과 다 맞설 수 있을까?

 그건 어렵다. 사람들을 모아서 힘을 합쳐야 된다.

그렇겠지? 그럼 사람들한테 함께 맞서자는 이야기를 어떻게 전할까?

말로 외쳐야죠! "곰이 나타났으니 도와주세요!" 하고요!

맞아. 그리고 곰과 어떻게 맞설지도 의논해야겠지. 예를 들어, '난 새총으로 곰의 주의를 끌 테니 넌 곰의 왼쪽 옆구리를 창으로 공격해!' 하고 말이야. 사람과 다른 동물의 세 번째 차이점은, 이처럼 사람은 언어를 써서 의사소통한다는 거야. 언어를 사용하고 여럿이 함께 사냥을 했다고 알려진 원시 인류는 약 200만 년에서 180만 년 전에 나타난 '호모 에렉투스'지.

어? 아니다. 지구의 다른 동물들도 대화를 나눈다. 나에겐 다 들린다.

    물론 동물들도 몸짓이나 소리로 의사소통을 하지만 사람의 언어만큼 정교하진 않을 거야. 원시 인류도 지금 우리처럼 정교하게 말하진 못했겠지. 아마도 자꾸 소리를 내다 보니 우리 몸에서 소리를 내는 기관인 성대나 목젖, 혀 같은 음성 기관이 발달하고, 점차 소리의 뜻을 구별하게 되면서 자신의 생각을 전하는 데에 이르렀을 거야.

 그러고 보니 옆집 강아지도 자주 '멍멍' 하고 짖는데, 상황은 달라도 짖는 소리는 늘 비슷해요.

    맞아. 음색이나 음의 높낮이가 조금씩 다를 순 있겠지만. 자, 다시 인류 이야기로 돌아와서……. 사람이 두 발로 서서 걷다가 무서운 짐승이 나타나면 자기가 만든 도구로 몸을 지키고, 그러다 힘에 부치면 다른 사람들과 힘을 합쳐서 짐승을 제압했어. 그다음엔 뭘 했을까?

사냥으로 짐승을 잡아 식량을 얻었을 테니, 모여서 불에 구워 먹었겠죠?

    바로 그거야. 동물과 달리 사람은 불을 사용할 줄 알지. 이게 사람과 다른 동물의 네 번째 차이점! 아까 말했던 호모 에렉투스가 불을 사용하기 시작했다고 알려져 있단다. 아마 처음엔 우연히 불을 발견했을 거야. 그러다가 점차 불을 피우고 활용하는 방법들을 깨달았겠지.

또 사나운 동물들이 공격해 오면 불을 이용해 겁을 주기도 했을 거다. 지구의 동물들은 불을 무서워한다고 들었다.

캄캄한 밤에도 앞을 볼 수 있고, 동굴 안을 훤히 밝힐 수도 있었겠죠? 삼촌, 이제 사람과 다른 동물의 차이점은 알았어요. 그래서, 오스트랄로피테쿠스 아파렌시스가 인류의 조상이라는 거예요, 아니라는 거예요?

좋아, 지금 말해 줄게. 처음 원시 인류의 화석이 발견됐을 때 학자들은 원숭이와 가까운 새로운 인류라고 생각했어. 그리고 라틴어로 '남방의 원숭이'라는 뜻의 '오스트랄로피테쿠스'라는 이름을 붙였지. 그런데 연구를 하면 할수록 원숭이와는 다른 점이 많았어. 간단한 도구를 사용했다거나, 두 발로 걸었다거나 하는 특징들이 보인 거지.

오스트랄로피테쿠스 아파렌시스는 직립 보행을, 호모 하빌리스는 도구를 제작했고 호모 에렉투스는 불과 언어를 사용했어. 호모 네안데르탈렌시스는 긴 창을 써서 사냥을 했고 죽은 사람을 땅에 묻기도 했대. 그리고 오늘날 우리와 가장 가까운 '현생 인류'의 조상인 호모 사피엔스는 정교한 도구를 써서 채집과 사냥을 하고 동굴에 그림을 그렸다고 해.

1859년 다윈이라는 학자는 모든 생물은 환경에 적응해 살아남기 위해 점점 변해 간다는 '진화론'을 주장했단다. 이 진화론을 바탕으로 인류의 화석을 살펴본다면, 원시 인류가 주변 환경에 적응하고 살아남기 위해 자신을 보호하고 더 나은 생활을 하기 위해 도구를 만들어 사용하다 보니 점차 신체가 발달하면서 마침내 현생 인류로 진화했다고 볼 수도 있겠지? 그래서 많은 학자들은 남아프리카에서 처음 등장한 오스트랄로피테쿠스 아파렌시스를 최초의 인류로 분류한단다. 현생 인류의 모습과 많이 다르지만 말이야.

 그렇군. 흥미로운 이야기다. 적어 두겠다.

 습하고 무더운 아프리카에서 최초의 인류가 나타났다니 신기하네요.

아, 약 420만 년에서 390만 년 전의 아프리카 대륙은 지금처럼 덥지 않았대. 기온도 적당하고 숲이 넓어서 먹을 것도 풍부했다고 하지. 반면, 다른 대륙은 계속되는 빙하기*로 꽁꽁 얼어 있었어. 그러니 살기 좋은 아프리카에서 제일 먼저 원시 인류가 나타난 거겠지. 그럼 이번엔 삼촌이 묻자. 최초의 인류인 오스트랄로피테쿠스 아파렌시스는 우리 조상일까, 아닐까?

 아이큐 29,876인 내가 볼 때, 오스트랄로피테쿠스 아파렌시스는 침팬지랑 다르게 직립 보행을 했고, 뇌도 훨씬 크지만 오늘날의 인류와는 거리가 있다.

 내 친구 외계인의 뛰어난 분석력!

• **빙하기**: 오랫동안 지구의 기온이 크게 내려가면서, 내렸던 눈이 넓고 거대한 얼음덩어리인 '빙하'가 되어 지구를 뒤덮었던 시기. 지구가 탄생한 이후부터 역사가 기록되기 전까지 약 네 번의 빙하기가 있었다고 한다.

나도 동의한다. 오스트랄로피테쿠스 아파렌시스는 인간의 특징도 가지고 있지만, 침팬지 같은 다른 유인원의 특징도 있어. 그러니 우리에겐 너무나 먼 조상이지. 그래서 현생 인류의 조상으로 호모 사피엔스를 든단다. 호모 사피엔스는 라틴어로 '지혜가 있는 사람'이란 뜻이야. 이름처럼 지혜롭게 직립 보행도 하고 정교한 도구로 사냥과 채집을 하며 언어도 사용한, 현재 우리의 직접적인 조상이라고 알아 두면 좋겠지?

세계사, 요점만 쏙쏙!

▶ 최초의 인류와 현생 인류의 조상

① 최초의 인류 오스트랄로피테쿠스 아파렌시스는 남아프리카에서 등장함.

② 인간이 다른 동물과 다른 점은 두 발로 걷고, 언어를 사용하고, 도구를 쓰고, 불도 사용한다는 점.

③ 오스트랄로피테쿠스 아파렌시스보다는 앞서 말한 인간의 특징을 모두 지닌 호모 사피엔스를 현생 인류의 조상이라고 여김.

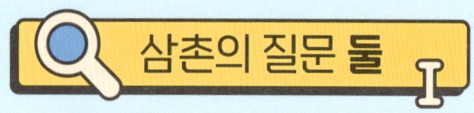

문자와 기록이 없던 시대의 역사를 구분하는 기준은 무엇일까?

세계사는 매우 넓은 지역에서 아주 오랫동안 이어져 온 방대한 역사야.
그래서 역사가들은 세계사를 쉽게 이해할 수 있도록
옛 조상들의 기록을 바탕으로 기준을 정하고, 시대를 구분하지.
우리나라 역사는 왕조*에 따라 고려, 조선 시대 등으로 나뉘기도 했던 것 알고 있지?
이렇게 시대는 왕조에 따라 구분하거나 큰 사건을 기준으로 구분하기도 해.
그러면 선사(先史) 시대, 즉 문자가 없어 기록이 남아 있지 않은 시대는 어떻게 구분할까?

• **왕조**: 어느 한 왕의 집안이 대대손손 나라를 다스려 온 시대.

얼른 불에 구워서 먹고 싶어요!

인류가 사용한 도구의 재료와 형태로 구분하는 선사 시대

삼촌, 구석기 시대와 신석기 시대의 결정적인 차이가 대체 뭔가요? 석기 시대의 절반은 구석기 시대, 절반은 신석기 시대 아니에요?

놀라지 마. 석기 시대를 100으로 친다면 1부터 99 이상이 구석기 시대고, 신석기 시대는 나머지 1도 안 될 거야. 구석기 시대에서 신석기 시대로 넘어갈 땐 수백만 년이 걸렸는데, 신석기 시대는 지금으로부터 약 1만 2,000년에서 1만 년 전에 시작됐거든.

헉! 그렇게 차이가 많이 나는 줄은 몰랐어요.

구석기 시대 사람들은 뗀석기로 나무 열매나 식물 뿌리를 채집하고, 동물과 물고기를 잡아먹으면서 여기저기 옮겨 살았어. 중간중간 동굴에 머무르기도 했지. 그래서 동굴에 구석기 시대의 흔적이 남아 있기도 해. 한번 볼래?

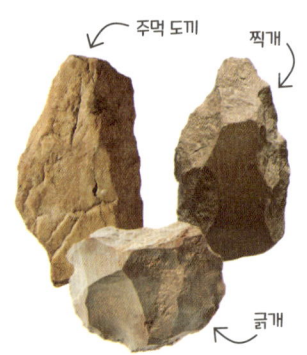

여러 용도로 쓰인 주먹 도끼와 동물의 가죽을 벗길 때 쓴 찍개, 나무껍질을 벗기거나 동물 가죽을 손질할 때 쓴 긁개야. 모두 대표적인 뗀석기 유물이지.

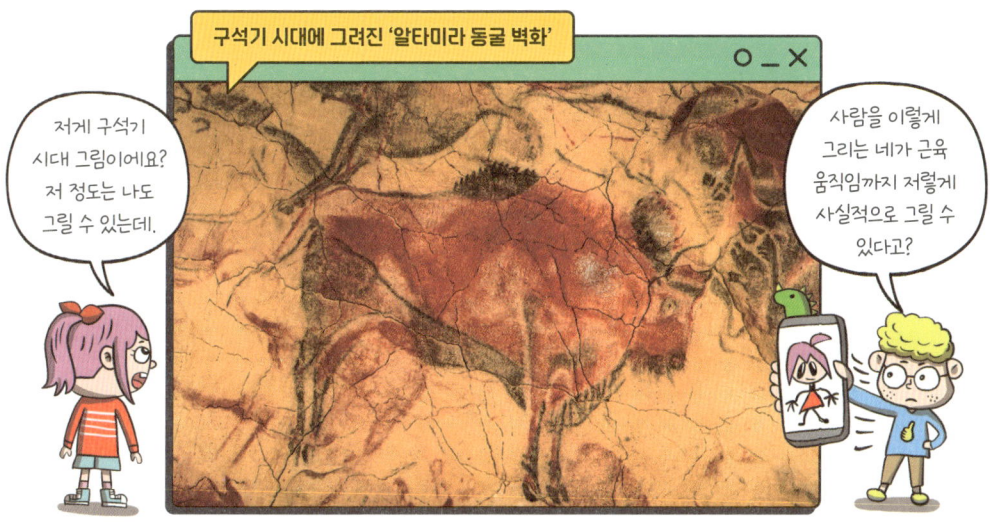

19세기 말, 에스파냐(스페인)의 고고학자 사우투올라는 자기 마을에 못 보던 동굴이 발견되었다는 소식을 들었어. 그땐 대수롭지 않게 여기다 시간이 흘러 딸과 가 봤는데, 딸이 동굴에서 이 알타미라 동굴 벽화를 발견했어. 들소와 사슴, 멧돼지 같은 동물들이 생생히 그려져 있었지. 여기서 질문! 구석기 시대 사람들은 왜 이렇게 공을 들여 동굴에 그림을 그렸을까? 그림 그릴 도구도 변변치 않았을 텐데.

저렇게 생긴 소를 사냥하고 싶었던 게 아닐까요? 저도 게임기 갖고 싶어서 일기장에 게임기 그린 적 있거든요.

으뜸이 말대로였을 거야. 사냥이 잘되기를 기원하며 정성껏 그렸겠지. 잘 보렴. 구석기 시대 사람들의 그림 솜씨가 상당히 뛰어나지? 참, 구석기 시대에도 죽은 사람을 땅에 묻는 장례 풍습이 있었다고 해.

 장례 풍습에다 예술 감각까지! 구석기 시대 사람들 대단하네요. 그림은 저보단 못 그리지만요.

흠흠, 그렇다고 치자. 그런데 말이다, 시간이 흘러 지구를 꽁꽁 얼어붙게 만든 마지막 빙하기가 끝나고 약 1만 2,000년 전 기후가 따뜻해졌어. 식물이 무성하게 자라고 작은 동물과 물고기도 많아졌지. 기온이 낮을 때는 체온 유지가 힘드니 몸이 커야 유리했는데, 기온이 올라가니 굳이 몸이 크지 않아도 되었던 거야. 작은 동물을 잡으려면 도구도 더 정교해야 하니, 인류는 돌을 갈아 간석기를 만들었어. 이 시기부터를 '신석기 시대'라고 해. 그뿐 아니라 인류는 들판에 밀, 보리 같은 곡식이 자라는 걸 보고 농사를 짓기 시작했단다. 농사는 엄청난 변화를 가져왔어. 우선 식량이 늘어나니 인구도 점점 늘었어. 또 먹을 것을 찾아 돌아다니지 않아도 되니 한곳에 정착해 움집을 짓고 살았지. 가축을 기르는 목축도 시작했고. 이 거대한 변화를 '신석기 혁명'이라고 해.

 혁명? 이상하다. 혁명은 보통 짧은 시간 안에 급격히 바꾸는 일을 말한다.

이 풍요로운 변화는 긴 기간에 걸쳐 일어났지만 정착 생활과 농경, 목축의 시작은 인류의 역사를 바꿔 놓은 큰 변화라서 혁명이라 할 만해.

 농사를 짓고 가축을 기르기 시작한 게 그렇게 큰 변화예요? 나무 열매를 따 먹거나 농사지어 먹거나, 둘 다 비슷한 것 같은데.

그렇지 않아! 튀르키예에 있는 신석기 시대의 마을 유적인 '차탈회위크'를 보면, 신석기 시대 사람들의 삶이 주로 동굴에 살던 구석기 시대 사람들과 얼마나 달랐는지 알 수 있어. 자, 한번 볼래?

차탈회위크는 기원전 7500년쯤에 지어졌다고 여겨진단다. 그런데 저 네모난 집들에서 뭔가 독특한 점이 보이지 않니?

 엇! 그러고 보니 집에 출입문이 없다.

잘 봤어. 차탈회위크의 집에는 벽이 아닌 지붕에 출입문이 있었어. 적이나 맹수의 침입을 막고 공간을 효율적으로 쓰기 위해서였을 거라고 해. 또 밀과 보리를 재배한 흔적이나 소나 양, 염소를 기른 흔적도 발견됐지. 차탈회위크의 집들이 한데 모여 있는 것처럼, 신석기 시대에는 여러 가족이 정착해 모여 살면서 마을을 이뤘고, 그 마을들이 합쳐지면서 하나의 부족을 이루게 되었을 거라 추측한단다. 여기서 또 질문! 여럿이 함께 농사를 지어 풍년이 들었고 식량이 남았어. 그럼 이 남은 식량을 어떻게 했을까?

 냉장고에 저장했겠죠! 아, 그때는 냉장고가 없었으니까 땅에 묻었나?

 한국의 전통 음식인 김치도 옛날에는 땅속에 저장했다고 들었다!

와, 맞아. 그런데 땅에 묻으려면 우선 음식을 담을 그릇이 있어야겠지? 지금이야 플라스틱이나 유리로 만든 여러 종류의 그릇이 있지만, 그때는 오로지 흙으로 만든 토기에 식량을 보관하고 요리를 했어.

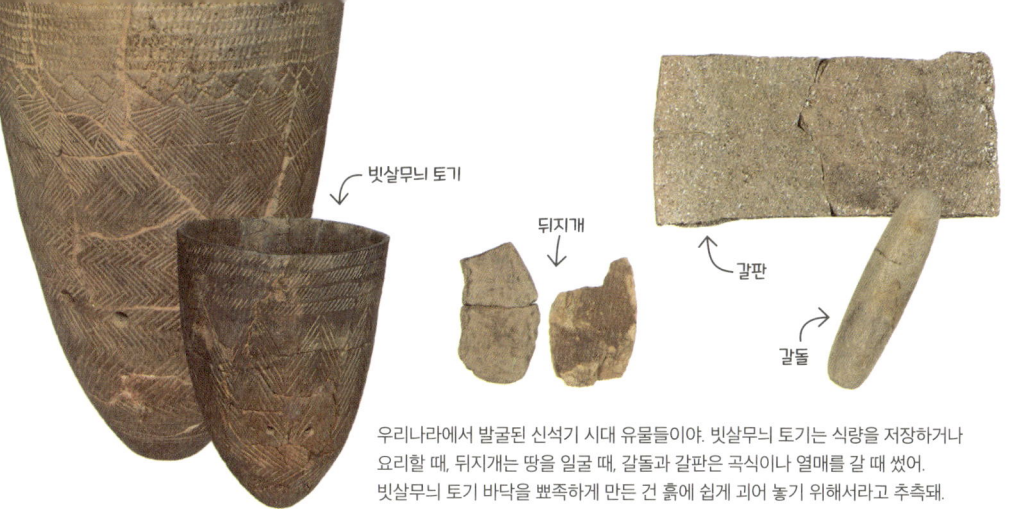

우리나라에서 발굴된 신석기 시대 유물들이야. 빗살무늬 토기는 식량을 저장하거나 요리할 때, 뒤지개는 땅을 일굴 때, 갈돌과 갈판은 곡식이나 열매를 갈 때 썼어. 빗살무늬 토기 바닥을 뾰족하게 만든 건 흙에 쉽게 꽂아 놓기 위해서라고 추측돼.

아, 그래서 신석기 시대에 토기가 많이 발견되는 것이로군. 구석기 시대엔 농사가 아니라 채집이나 사냥으로 그때그때 식량을 구했으니.

그렇지. 또 신석기 시대에는 목축도 농사만큼 발달했어. 가축의 고기와 젖을 식량으로 삼았고, 털과 가죽으로 옷을 만들어 입었지.

그럼 신석기 시대에는 필요한 물건을 다 직접 구하거나 만들어 썼어요?

처음에는 자급자족*해서 썼지만, 나중엔 점점 농사를 잘 짓는 사람과 가축을 잘 기르는 사람, 도구를 잘 만드는 사람으로 구분되면서 각자 남는 물건을 서로 필요한 물건으로 바꾸는 '물물 교환'이 이루어졌단다.

한곳에 정착해서 농사도 짓고 음식도 저장하고! 평화로웠네요.

• **자급자족**: 필요한 물건이나 재료를 스스로 구하고 얻음.

41

그런데 이후 큰 변화가 또 일어났어. 잉여 생산물, 즉 식량을 비롯한 남은 생산물을 저장하다 보니 점차 내 것, 네 것을 구분하기 시작한 거야. 개인이 잉여 생산물을 갖고, 자유롭게 사용하거나 관리하고 팔 수 있는 '사유 재산' 개념이 생겨난 거지.

 그럼 사람들이 서로 재산을 지키려고 싸우기도 했겠네요?

그랬어. 인구가 늘어나자 사람들 간의 사유 재산 격차는 점점 심해졌어. 이때 재산이 많은 사람은 주로 높은 계급, 재산이 적은 사람은 주로 낮은 계급으로 나뉘었지. 높은 계급의 사람들은 강물을 다스리면서 점점 더 강한 권력을 쥐게 되었단다.

 강물을 다스려요? 강물한테 멈추라고 하면 정말 강물이 멈췄어요?

하하하! 그게 아니라 강물로 인한 홍수나 가뭄 피해를 잘 막았다는 걸 다스린다고 표현한 거란다. 높은 계급의 사람들은 논밭에 강물을 끌어오기 위한 수로를 설치하거나 홍수로 논밭이 망가지지 않도록 강가에 둑을 쌓는 등의 큰 공사를 관리, 감독하면서 권력이 세졌던 거야. 이 정도의 큰 공사를 하려면 많은 시간과 노동력이 필요한데, 이를 잘 지휘하면 사람들이 믿고 따르게 되면서 다른 사람들을 다스리는 지배 계급이 되는 거지. 지배 계급은 구리와 주석을 섞은 금속인 '청동'으로 무기를 만들어 다른 부족과 전쟁을 벌이면서 권력을 더욱 강화했단다. 이 시기를 청동기 시대라고 해.

 꼭 탐정이 된 것 같아요. 사람들이 남긴 흔적을 통해 먼 과거에 어떤 일이 있었는지 밝혀내는 일, 진짜 재밌어요!

 그렇다. 이건 마치 추리 퀴즈를 푸는 것 같다. 외계인들도 이런 걸 좋아한다.

그래? 그렇단 말이지? 그럼 청동기 시대로 접어든 인류의 생활은 또 얼마나 놀랍게 변해 갔는지 더 알아볼까?

세계사, 요점만 쏙쏙!

▶ 구석기 시대
① 뗀석기를 만들어 씀.
② 먹을 것을 찾아 이동 생활을 하고 주로 동굴이나 바위 그늘에서 지냄.
③ 짐승이나 물고기를 사냥하거나 나무 열매를 채집해 먹음.

▶ 신석기 시대
① 간석기와 토기를 만들어 씀.
② 움집을 지어 한곳에 정착함.
③ 농사를 짓고 가축을 키움.

← 움집

삼촌의 질문 셋

문명의 시작을 알린 '세계 4대 문명'의 공통점은?

신석기 혁명 이후, 청동기 시대에 접어들자 인구가 폭발적으로 늘어나 사람들은 마을과 부족을 이루었고 부족이 모이고 통합되면서 도시가 형성되었어. 기원전 3500년경에서 기원전 2500년경 사이에는 힘 있는 도시들을 중심으로 메소포타미아 문명과 이집트 문명, 인도 문명, 중국 문명이 일어났단다. 이 네 개의 문명을 '세계 4대 문명'이라고 해. 그런데 과연 문명이란 무엇일까? 또 세계 4대 문명에는 어떤 공통점이 있을까?

메소포타미아 문명의 지구라트

신이시여, 비와 풍요를 내려 주소서!

유프라테스강

티그리스강

나일강

이집트 문명의 피라미드

세계사 수업 3일 차 — 한강 나들이

• 위도: 지구 위 위치를 나타내는 가로축의 선.

큰 강 유역에서 도시 국가를 이루고, 청동기와 문자를 사용한 문명

 우리 한강도 이렇게 큰데, 세계 4대 문명에 왜 우리나라 문명은 없어요?

좋은 질문! 그럼 나도 질문하마. 문명은 무엇을 말하는 걸까? 그리고 세계 4대 문명의 공통점은 어떤 것들이 있을까?

 삼촌 선생은 질문을 참 좋아한다. 우리가 그걸 알면 여기 있겠냐?

미안, 미안. 그럼 문명을 이야기하기 전에 '문화'가 무엇인지 아니?

 문화는 알아요. 뮤지컬이나 전시회를 보러 가는 문화생활 말씀이시죠?

반은 맞았어. 문화는 인류가 살아오면서 자연 상태에 있던 것들을 어떤 목적에 맞게 변화시키거나 새롭게 만들어 낸 모든 것을 말해. 문화는 영어로 '컬처(Culture)'인데, 농사를 짓는다는 뜻의 라틴어 '쿨투라(Cultura)'에서 온 말로, 의식주나 언어, 풍습, 종교, 학문, 예술 등의 의미를 모두 포함하지.

 문화는 알겠어요. 그럼 문명은 뭐예요?

문명은 영어로 '시빌리제이션(Civilization)'이라고 해. 도시를 뜻하는 라틴어 '키비타스(Civitas)'에서 온 말이지. 즉, 문명은 도시를 중심으로 인류가 이룬 물질적, 사회적 변화를 뜻한단다.

 알듯 말듯. 어렵다. 흠!

음, 그럼 일단 세계 4대 문명의 공통점을 자세히 살펴볼까? 첫 번째는 아까 외계인의 말대로 큰 강 주변에서 발생했다는 점이야. 큰 강이 있으면 농사지을 물도 충분하고, 강물에 실려 와서 쌓인 흙엔 양분이 많아서 농작물도 잘 자라거든. 그런데 강 주변은 가뭄이나 홍수 피해가 심하다는 단점도 있었어. 그래서 논밭에 물을 대거나 둑을 쌓는 공사를 하려면 많은 사람의 노동력이 필요한데…….

그 큰 공사를 높은 계급의 사람이 지휘했고, 사람들이 믿고 따르게 되면서 지배 계급으로 떠올랐고!

맞아. 우리 으뜸이가 열심히 복습했구나? 계급이 나뉘어 있었다는 게 두 번째 공통점이야.

 지난번에 지배 계급이 청동 무기를 사용했다고 한 것과도 관련이 있나?

← 비파형 동검

← 세형 동검

우리나라에서도 청동으로 만든 무기들이 많이 출토되었단다. 비파형 동검은 한반도와 중국 동북 지역에서 많이 발견되었고, 세형 동검은 한반도에서만 주로 출토되고 있어서 '한국식 동검'이라고도 불러.

그렇지! 세계 4대 문명 모두 청동기를 사용했다는 게 세 번째 공통점이야. 지배 계급은 청동기를 사용해 전쟁을 벌이면서 땅을 넓히고 권력을 키웠어. 그 권력으로 정보를 독점하고, 넓힌 땅에서 더 많은 사람을 다스리면서 외부 침략을 막기 위해 거대 성벽을 쌓았지. 또 신전 같은 거대 건축물도 만들면서 '도시 국가'가 형성됐는데, 이게 바로 네 번째 공통점이야.

 엥? 삼촌! 도시면 도시고 국가면 국가지, '도시 국가'는 뭐예요?

하하, 궁금했지? 도시 국가는 도시 하나로 이루어진 작은 규모의 나라를 말한단다. 지금의 바티칸이나 싱가포르가 도시 국가지. 옛날엔 교통과 도로가 발달하지 않아서 너무 멀거나 험준한 지역은 다스리기 힘들었어. 그래서 주로 도시 국가 형태로 나타나, 문명을 발전시킨 거야. 자, 그럼 마지막 공통점은 뭘까? 힌트는 세종대왕, 훈민정음!

 정답, 한글! 아, 아니지……. 문자요, 문자!

딩동댕! 문자 사용이야말로 문명이라 할 수 있는 중요한 특징이자, 세계 4대 문명의 공통점이야. 신에게 제사를 지내거나 세금을 거둘

때, 다른 지역과 물건을 사고팔 때 기록이 필요해지면서 문자가 생겨났단다. 당시는 권력을 가진 소수의 사람들만 문자를 알았는데, 그들이 문자와 기록으로 얻은 기술과 정보로 더 큰 힘을 가지면서 마침내 신적인 권한을 휘두르는 최고 권력, 왕이 등장하게 되었어.

그렇군요. 근데요 삼촌, 아직 세계 4대 문명에 왜 우리나라 문명은 없는지 말씀 안 해 주셨어요.

당시 한반도의 큰 강 유역에선 세계 4대 문명만큼 큰 규모의 도시 국가는 세워지지 않았어. 문자도, 거대 건축물도 없었지. 또 훗날 주변의 여러 고대 제국이 형성되는 데 영향을 못 미쳤기 때문이기도 하단다.

세계사, 요점만 쏙쏙!

▶ 세계 4대 문명의 공통점
① 큰 강 유역에서 발생함.
② 계급이 존재함.
③ 청동기를 사용함.
④ 도시 국가가 형성됨.
⑤ 문자를 사용함.

삼촌의 질문 넷

'눈에는 눈, 이에는 이' 원칙을 법으로 정해 비석에 새긴 법전은?

메소포타미아 문명은 기원전 3500년경 '메소포타미아'라 불렸던 오늘날의 이라크와 시리아 일대에서 일어난 문명이야. 메소포타미아 지역에서는 여러 도시 국가가 등장해 서로 경쟁했는데, 아카드 왕국이 기원전 2350년경에 최초로 그 일대를 통일했지. 기원전 1800년경에는 바빌로니아 왕국의 함무라비왕이 메소포타미아 지역을 다시 통일했단다. 함무라비왕은 백성들이 꼭 지켜야 할 조항을 비석에 새겨 법전으로 삼아 자신이 통일한 영토 곳곳에 세웠어. 과연 어떤 법전일까?

세계사 수업 4일 차 | 글씨가 왜 이래?

메소포타미아 지역을 재통일한 바빌로니아 왕국의 함무라비 법전

 삼촌 선생, 바빌로니아 왕국은 어디에 있는 건가?

음, 그럼 먼저 메소포타미아 지역을 알아볼까? 아래 지도에 티그리스강과 유프라테스강이 보이니? 저 두 강 사이의 땅이 메소포타미아 지역이야. '메소포타미아'라는 말 자체에 '두 강 사이'라는 뜻이 담겨 있지. 지금은 메마른 땅이지만, 약 1만 년 전만 해도 땅이 비옥했어. 덕분에 기원전 3500년경 수메르인들이 메소포타미아 남쪽 지역에서 도시 국가를 세우고 문명을 일으켰단다. 그런데 몇 가지 문제가 있었어. 이 지역은 강물이 넘쳐 홍수가 나기 일쑤였던 거야. 게다가 비옥한 땅을

차지하려고 하거나 다른 지역과의 교역을 위한 길목 확보 등을 이유로 이민족들이 침입해 전쟁이 자주 일어났어. 홍수나 전쟁 같은 어려움이 많을수록 뭔가에 의지하고 싶어질 것 같지 않니?

맞아요. 사람들은 바라는 게 있으면 신한테 간절히 기도하잖아요. 수메르인도 그러지 않았을까요?

나도 신을 믿는다. 나 자'신'.

하핫, 그렇구나. 아무튼 수메르인도 수호신이 자신들을 보살펴 주길 바라며, 벽돌을 계단식으로 쌓은 거대 신전인 '지구라트'를 지었어. 이 지구라트라는 이름엔 높이 솟아 올린다는 뜻이 담겨 있단다. 그리고 도시 국가마다 각각 다른 수호신을 섬겼어. 수메르인이 믿은 종교는 하나의 신이 아닌 여러 신을 믿는 형태의 '다신교'였거든.

와, 엄청 크고 높네요.

수메르인이 세운 도시 국가 '우르'에 있던 지구라트를 복원한 모습이야. 이 지구라트는 높이가 약 30미터나 돼. 아파트 10층 정도 되는 높이지.

수메르인은 각 도시 국가의 중심에 세운 지구라트를 기반으로 나라를 발전시켜 나갔어. 다른 도시 국가와 경쟁하고 정복 전쟁도 벌이면서 말이야.

 삼촌 선생, 바빌로니아 왕국 이야기는 대체 언제……?

바로 지금! 기원전 2350년경 유프라테스강 상류에 살던 아카드인들의 왕 사르곤이 메소포타미아 지역의 여러 도시 국가를 최초로 통일하고 '아카드 왕국'을 세웠어. 아카드 왕국은 약 200년쯤 이어지다 멸망했지. 그 후 아무루인이 세운 도시 국가 바빌론의 함무라비왕이 기원전 1800년경 메소포타미아 지역을 다시 통일해 '바빌로니아 왕국'을 세웠어. 바빌로니아 왕국은 아카드 왕국보다 작은 나라였지만, 왕이 나라를 다스리는 통치력은 훨씬 강력했단다.

 와, 함무라비왕의 권력이 엄청났나 보죠?

맞아. 이전의 아카드 왕국은 정복한 도시 국가들에게 각 지역을 스스로 다스릴 수 있도록 자치권을 주었어. 그런데 흉년이 들어 나라 곳곳에서 반란이 끊임없이 일어나자 무력을 이용해 강압적으로 통치했지. 함무라비왕은 이를 교훈 삼아, 반란이 일어나지 않도록 처음부터 여러 제도와 종교를 정비했어. 그리고 왕을 중심으로 한 중앙 집권적인 정치를 펼쳤단다.

함무라비왕 똑똑하다. 과거 다른 사람의 경험에서 깨달음과 가르침을 얻었다. 지난 일을 '반면교사' 삼은 거다.

 와! 외계인 너도 똑똑하다. 반면교사 같은 어려운 말을 쓰다니.

함무라비왕은 정말 똑똑했던 듯해. 함무라비왕이 정비한 제도 중 하나가 바로 법이야. 법이 뭔지는 너희도 알지? 법은 나라를 다스리는 데 꼭 필요해. 법이 없다면 나라의 질서가 엉망이 되어 혼란스러울 거야. 이를 잘 알고 있던 함무라비왕은 백성들이 지켜야 할 법을 정해 비석에 새겨 나라 곳곳에 세웠어. 그게 바로 '함무라비 법전'이란다.

그런데요 삼촌, 법전이면 책이어야 하는 거 아니에요? 왜 종이가 아니라 비석에 새긴 거예요?

으뜸 인간, 그땐 종이가 없었다. 아까 쐐기 문자를 점토판에 새겼던 걸 기억해 봐라.

쐐기 문자가 새겨진 점토판이야. 세모꼴로 뾰족하게 움푹 들어간 모습이 물건의 틈 사이에 괴어 공간을 벌리는 물건인 '쐐기'를 닮아 이런 이름이 붙었어.

외계인이 잘 추리했다. 함무라비 법전 상단의 조각 아래에 법 조항이 쐐기 문자로 새겨져 있단다. 쐐기 문자는 기원전 3000년경 수메르인이 발명한 세계 최초의 문자인데, 19세기에 대부분 해독에 성공하면서 메소포타미아 문명에 대해 알 수 있게 되었어. 함무라비 법전은 인류 최초의 법전은 아니야. 하지만 당시 곳곳에 흩어져 있던 법들을 모아 체계적으로 정리해 282개 조항으로 펴냈다는 점에서 중요한 의미를 갖지. 이후 주변 나라의 법에 큰 영향을 미치기도 했고. 그런데 너희, 아까 함무라비왕이 태양신에게 받은 지휘봉과 반지가 뭘 뜻하는지 궁금하지 않니?

 궁금해요, 삼촌!

함무라비 법전 맨 앞의 머리말을 읽어 보고, 한번 맞혀 볼래?

> **함무라비 법전 머리말 일부**
>
> ……신들께서 위대한 왕, 함무라비의 이름을 부르시며 이 땅에 의로운 법을 세우고 사악한 자들을 물리쳐, 강한 자가 약한 자를 괴롭히지 못하게 하라 하셨다. 샤마슈 신처럼 백성을 잘 다스려 이 땅을 밝게 하고, 나아가 전 인류를 복되게 하라 하셨다…….

아, 알았어요! 신이 함무라비왕에게 백성을 잘 다스리라는 의미에서 지휘봉과 반지를 준 거군요! 왕권의 상징처럼요!

맞았다. 그럼 본문엔 어떤 조항들이 담겼는지 몇 가지를 살펴볼까?

> **함무라비 법전 본문 일부**
>
> 제1조   다른 사람을 살인죄로 고발한 자가 이를 입증하지 못할 때에는 고발한 자를 사형에 처한다.
> 제23조   강도가 잡히지 않을 경우, 물건을 도둑맞은 자가 신 앞에 맹세하고 잃은 물건과 손해를 말하면 사건이 일어난 지역의 관리는 해당 물건을 보상한다.
> 제195조 아들이 아버지를 때리면 아들의 두 손을 자른다.
> 제196조 다른 사람의 눈을 상하게 하면 그 사람의 눈도 상하게 한다.
> 제205조 노예가 귀족의 뺨을 때렸으면 노예의 귀를 자른다.
> 제218조 의사가 수술 칼로 큰 상처를 만들어 사람을 죽게 하거나 사람의 눈을 못 쓰게 만들면 의사의 손을 자른다.
> 제229조 건축업자가 집을 부실하게 지은 탓에 집이 무너져 집 주인이 죽으면 건축업자를 사형에 처한다.

이 조항들이 '눈에는 눈, 이에는 이' 원칙이 담긴 조항이에요? 생각보다 너무 잔인해요. 신분 차별도 심한 것 같고요.

눈에는 눈, 이에는 이 원칙은 이 조항들뿐 아니라 함무라비 법전 전체에 녹아 있어. 그리고 이 조항들은 버들이 말처럼 신분에 따라 받는 벌에 차이가 있었지만, 법으로 그 한계를 정해 놓지 않았다면 피지배 계급 사람들은 더 심한 보복을 받았을 수도 있단다.

그러네요. 만약 노예가 화가 나 자기도 모르게 귀족의 뺨을 때렸는데, 노예라는 이유로 사형을 당한다면 너무 억울할 것 같아요.

그래. 함무라비왕은 자신이 다스리는 왕국 곳곳에 이 법전을 세우고, 이를 기준으로 나라를 강력하게 다스렸어. 또 함무라비왕은 세금을 공평하게 걷기 위해 조세 제도를 다듬었고, 군사를 모집하는 병역 제도도 손봤어. 나라의 공식 언어를 아카드어로 지정하고, 길이나 무게의 단위도 재정비했단다. 또 신들의 위계질서도 바로 세웠지.

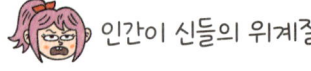
인간이 신들의 위계질서를 바로 세웠다고요? 어떻게요?

메소포타미아 지역 사람들은 여러 신을 믿었다고 말했었지? 함무라비왕은 왕위에 오르자마자 자신이 태어난 도시 바빌론의 수호신, 마르두크를 최고의 신으로 받들어 가장 거대한 지구라트를 지었단다.

그렇군. 함무라비 법전 덕에 메소포타미아 지역의 생활상을 눈으로 직접 본 것 같다. 아이큐 29,876인 내 생각엔 함무라비왕 덕분에 바빌로니아 왕국은 아주 발전했을 것 같다.

맞아. 그래서 함무라비왕이 다스리던 시대를 메소포타미아 문명의 전성기라 평가한단다.

세계사, 요점만 쏙쏙!

▶ 메소포타미아 문명

① 기원전 2350년경에 아카드 왕국이 메소포타미아 지역을 최초로 통일한 데 이어, 기원전 1800년경에 바빌로니아 왕국이 재통일함.

② 바빌로니아 왕국의 함무라비왕은 각지의 법 조항을 모아 눈에는 눈, 이에는 이 원칙이 담긴 함무라비 법전을 만들어 나라 곳곳에 세움.

③ 신분에 따라 처벌이 달라 불공평해 보이지만, 당시로선 피지배 계급에게 내려지는 과도한 처벌을 막기 위한 법이었다고도 평가됨.

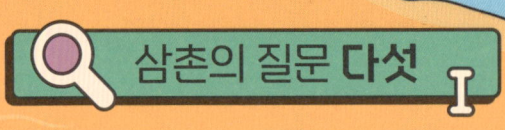

이집트 피라미드는 무엇에 쓰려고 만들었을까?

기원전 3100년에서 기원전 3000년경, 나일강을 중심으로 여러 도시들을 통일한 통일 왕국이 세워지면서 이집트 문명이 발생했어. 이집트의 왕 파라오는 나일강의 범람 시기가 비교적 규칙적이란 걸 알고 정확한 범람 시기를 예측하게 한 덕분에, 이집트는 홍수로 인한 농사 피해도 줄이고, 천문학 또한 발달한 나라가 될 수 있었어. 이로써 이집트인에게 신이나 다름없는 존재로 여겨지게 된 파라오는 거대 피라미드를 짓는 등 절대 권력을 과시했단다. 그런데 파라오는 대체 왜 피라미드를 지었을까?

세계사 수업 5일 차 | 피라미드가 아니야!

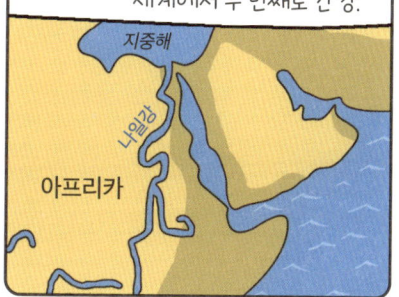

사후 세계를 믿은 파라오의 거대 무덤, 이집트 피라미드

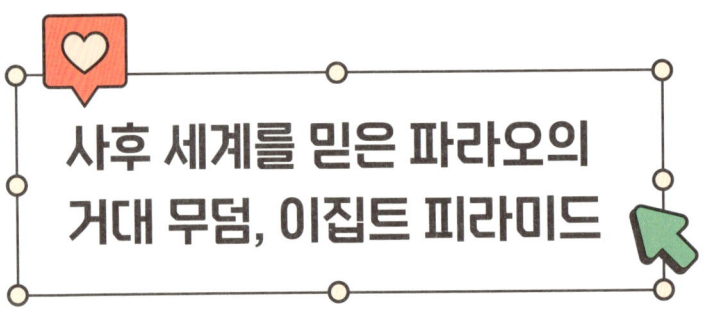

하하, 난 피라미드를 '보자'고 했지, 이집트에 '가자'고 한 적 없거든? 그런데 얘들아, 너희는 이 피라미드가 무엇일 것 같니?

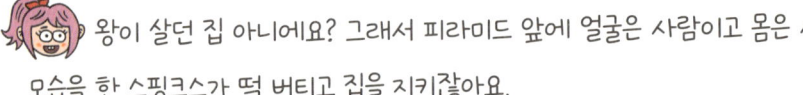 왕이 살던 집 아니에요? 그래서 피라미드 앞에 얼굴은 사람이고 몸은 사자 모습을 한 스핑크스가 떡 버티고 집을 지키잖아요.

메소포타미아 문명의 지구라트처럼 거대한 신전 아니에요?

 난 이미 고향별에서 파라오의 무덤이라고 배워서 알고 있었다.

외계인이 잘 배웠구나. 맞아. 이집트 피라미드는 파라오의 강력한 권력을 상징하는 거대 무덤이야. 기원전 3100년에서 기원전 3000년경, 이집트 나르메르왕이 나일강 주변의 도시를 하나씩 점령해 통일 왕국 이집트를 세웠어. 이집트는 사방이 사하라 사막과 지중해, 홍해 같은 바다로 둘러싸여 있어서 오랫동안 적의 침략을 받지 않고 왕국과 왕권을 유지할 수 있었지. 이집트인들은 이런 왕권을 가진 파라오를 태양신의 아들이자, 살아 있는 최고신이라 생각했단다.

파라오가 어떻게 그런 절대 권력을 가졌나요? 그리고 아직 전 파라오의 권력과 나일강이 어떤 관련이 있는지 잘 모르겠어요.

삼촌이 지금부터 설명해 줄게. 나일강도 앞서 살펴본 메소포타미아 지역의 티그리스강, 유프라테스강처럼 강물이 범람했단다. 하지만 그 시기가 대체로 규칙적이었어. 그래서 파라오는 천문학자들에게 나일강의 범람 시기와 기간을 예측하게 하고 그에 따라 농사를 짓게 했어.

아! 그럼 농작물이 홍수 피해를 입지 않았겠네요. 논밭이 물에 잠기는 시기를 피해 농사를 지으면 되니까!

　버들이 말이 맞아. 그리고 강물이 넘쳤다가 빠진 땅에서는 농작물이 더 잘 자랐어. 나일강이 범람할 때, 강물에 실려 온 비옥한 흙이 쌓여 기름진 땅이 되었거든. 또 파라오는 가뭄과 홍수 피해를 막기 위해 수로와 저수지를 만들고 둑도 쌓았어. 그렇게 농사를 짓자 생산량이 늘어났고, 파라오의 왕권은 더욱 강력해졌지. 이집트인들은 파라오가 강물과 날씨, 농사까지 다스린다고 생각했을 테니 말이야.

 그래서 나일강 덕분에 파라오가 절대 권력을 가졌다고 하신 거군요!

 그래서 이집트 피라미드의 크기도 그렇게 큰 것이로군.

맞아. 이집트 피라미드 중 가장 높고 큰 피라미드는 쿠푸왕의 피라미드야. 크기가 매우 거대해서 '대피라미드'라고도 불려. 지금은 꼭대기 부분이 파손되어 조금 낮아졌지만, 원래는 높이가 약 147미터나 되었대. 거의 아파트 52층 정도 되는 높이지. 이 피라미드는 석회암과 화강암 230만여 개를 쌓아 만들었는데, 돌 하나의 무게가 무려 2.5톤에 달한다고 해. 약 4,500년 전에 사람의 힘만으로 이런 거대한 건축물을 지었다는 게 놀라울 따름이야.

카프레왕의 피라미드가 쿠푸왕의 피라미드보다 더 커 보이는 이유는 높은 지대에 세워져 있어서야. 실제로는 쿠푸왕의 피라미드가 더 크고 높지. 사진 속 관광객을 보면 피라미드들의 크기가 얼마나 거대한지 느껴질 거야.

약 4,500년 전에 지은 이 거대한 건축물들이 어떻게 지금까지도 이렇게 멀쩡할 수 있는 건가? 삼촌 선생은 비결을 알고 있나?

좋은 질문! 그 비밀은 바로 피라미드의 모양에 있어. 사진을 잘 보렴. 거의 완벽한 정사각뿔 모양이지? 그중에서도 특히 쿠푸왕의 피라미드는 밑면 모양이 정사각형이고, 사방의 네 모서리가 정확히 동서남북을 향해 있어서 균형이 잘 잡혀 있다고 해. 이렇게 과학적으로 지어진 덕분에 무너지지 않고 지금까지 남아 있는 거지.

 이 정도로 큰 피라미드를 지으려면 사람들도 엄청 많이 동원됐겠어요.

쿠푸왕의 피라미드를 짓는 데 동원된 사람이 무려 10만여 명이라고 추정하고 있어. 그런데 얘들아, 신과 같은 절대 왕권을 자랑하던 파라오가 세상을 떠나면 이집트인들은 어떻게 했을까?

성대하게 장례를 치렀겠죠. 피라미드에 시신도 넣고…… 아! 삼촌, 혹시 미라 얘기를 해 주시려는 건가요?

피라미드 건축 현장 상상도

맞아. 이집트인들은 파라오가 죽으면 시신을 미라로 만들어서 그가 생전에 사용했던 물품 등 엄청난 부장품들과 함께 피라미드에 넣었어. 대부분 오랜 기간 도굴을 당해 지금은 어떤 물품을 넣었는지 전부 알 수 없지만 말이야. 그런데 말이다, 왜 시신을 미라로 만들었을 것 같니?

 오래 보존하려고 그랬겠죠? 파라오는 신이나 다름없는 왕이었으니까요.

그렇게 단순한 이유 때문만은 아니야. 이집트인은 사람이 죽어도 영혼은 사라지지 않는다는 '영혼 불멸'과 영혼이 저승으로 가 생을 잇는다는 '사후 세계'를 믿었어. 그리고 그 영혼이 다시 돌아온다고도 믿었지. 그래서 세상을 떠난 파라오의 영혼이 돌아왔을 때, 본래의 몸으로 들어갈 수 있게 해야 한다는 믿음으로 썩지 않게 보존했던 거란다.

 부활을 믿은 것이로군!

 삼촌, 미라는 어떻게 만들어요? 진짜 흰 붕대로 둘둘 마는 거예요?

이집트 미라는 '아마'라는 식물로 짠 천 붕대로 시신을 감아 만들었어. 그런데 그 전에 해야 할 일이 많았지. 일단 시신이 썩지 않도록 방부 처리를 했어. 좀 잔인할 수도 있는데, 있는 그대로 말해 줄게. 먼저 시신의 뇌와 간, 장, 위 같은 썩기 쉬운 장기들을 꺼내 '카노푸스'라는 단지에 보관했단다. 이때 심장은 꺼내지 않았어. 이집트인은 심장이 생각과 감정을 다스리고, 저승에서 심장 무게로 심판을 받는다고 생각해서 남겨 두었대. 그리고 배 속에 송진* 같은 방부 물질을 집어넣었지. 그다음에는 소금 성분이 든 소다석 가루로 시신의 수분을 완전히 빼고, 방부 물질을 발라 붕대로 시신을 꽁꽁 감싼 뒤 여러 겹의 나무 관에 넣어 피라미드에 넣었어. 이 과정이 보통 70일 정도 걸렸대.

시신에서 꺼낸 장기를 보관했던 카노푸스 단지의 모습이야.

 마, 말만 들어도 무섭다…….

 이집트는 피라미드를 짓는 건축 기술만큼 의학도 뛰어났나 봐요.

그랬어. 물론 죽은 사람을 미라로 만든다는 게 좀 무섭게 느껴지겠지만, 이집트인은 이 일을 아주 경건하게 여겼단다. 매년 나일강이 범람했던 땅에서 새 생명이 돋아나듯, 파라오의 영혼이 다시 돌아올 걸

• **송진**: 소나무나 잣나무에서 나오는 끈적끈적한 액체로, 물질이 썩지 않게 하는 방부제 역할을 하기도 한다.

대비해 준비하는 일이었으니까. 이집트인이 부활과 사후 세계를 믿었다는 증거가 또 있어. 파피루스에 쓰인 기록인 《사자의 서》는 이집트의 사후 세계에 대한 안내서인데, 죽은 사람이 저승에 잘 다녀오길 바라며 이 《사자의 서》를 미라와 함께 피라미드에 묻었단다.

두루마리 형태로 만들어진 《사자의 서》 일부

- 죽은 사람
- 안내자이자, 심장 무게를 재는 죽음의 신 아누비스
- 벌을 주는 괴물 암무트
- 기록하는 지혜의 신 토트
- 재판관이자 죽음과 부활의 신 오시리스

혹시 저 큰 저울로 심장의 무게를 쟀던 거냐?

인물들 머리 위에 그려진 저 무늬는 뭐예요?

외계인아, 맞아. 심장이 깃털보다 무거우면 죄가 많다고 판단했다고 믿었대. 그리고 버들아, 저건 무늬가 아니라 이집트에서 사용하던 문자야. 사물의 모양을 본떠 만든 '상형 문자'지.

 지구인들은 엄청 복잡해 보이는 저 문자를 대체 어떻게 해독했냐?

이 이집트 문자 해독에 아주 큰 공을 세운 비석 조각이 있지. 바로 1799년, 당시 프랑스의 황제 나폴레옹이 이집트를 정복하러 이끌고 간 군대가 나일강 부근의 마을 '로제타'에서 발견한 '로제타석'이야. 로제타석에는 같은 내용으로 추정되는 글이 세 가지 문자로 번역되어 새겨져 있었어. 이집트의 상형 문자, 기원전 700년쯤부터 이집트인이 사용하던 민중 문자, 그리고 그리스어로 말이야. 이 로제타석 덕분에 이집트의 상형 문자를 해독하게 되어, 이후 쿠푸왕의 피라미드 같은 무덤과 여러 벽화, 파피루스 등에 새겨진 내용이 밝혀져 이집트 문명에 대해 많은 걸 알게 되었단다.

 아까도 파피루스 얘길 하셨는데, 파피루스는 뭔가요? 먹는 거예요?

하하하, 파피루스는 나일강변에 자라는 풀인데, 이집트인은 파피루스 줄기 조각을 겹쳐 누르고 두드려서 말린 뒤 종이처럼 사용했어. 종이를 뜻하는 영어 '페이퍼(Paper)'가 이 '파피루스(Papyrus)'에서 왔단다.

이집트인은 참 재주가 많았다. 건축과 의학이 발달하고, 문자와 종이까지 만들어 쓰다니.

그뿐 아니라 이집트는 천문학도 발달해서 365일을 1년 단위로 보는 태양력도 만들었단다. 물론 그땐 지구가 태양 주위를 돈다는 것까진 몰랐지만, 하늘을 관찰해 특정 별자리가 같은 위치에 다시 나타나기까지 365일이 걸리는 걸 보고 1년을 계산했지. 1년은 12달, 각 달은 30일, 연말에 5일을 더해 달력을 만들었어. 또 수학도 발달해 10까지의 숫자를 한 묶음으로 보는 10진법도 만들어 썼단다. 하지만 찬란했던 이집트 문명도 결국은 프톨레마이오스 왕조를 끝으로 멸망했지.

세계사, 요점만 쏙쏙!

▶ 이집트 문명

① 나일강의 규칙적인 범람이 땅을 비옥하게 만들어 농업 생산량이 늘어남.
② 신과 같은 권력을 가진 파라오는 피라미드 형태의 거대한 무덤을 지음.
③ 사후 세계와 영혼 불멸을 믿은 이집트인은 파라오의 시신을 미라로 만들어 피라미드에 넣음.
④ 피라미드와 미라, 태양력과 10진법을 만들 만큼 건축 기술과 의학, 천문학, 수학이 발달함.
⑤ 사물의 모양을 본뜬 상형 문자를 만들어 파피루스에 기록함.

세계사 수업 6일 차 | 외계인의 미래는?

상의 존재를 세상에 알린 문자, 갑골문

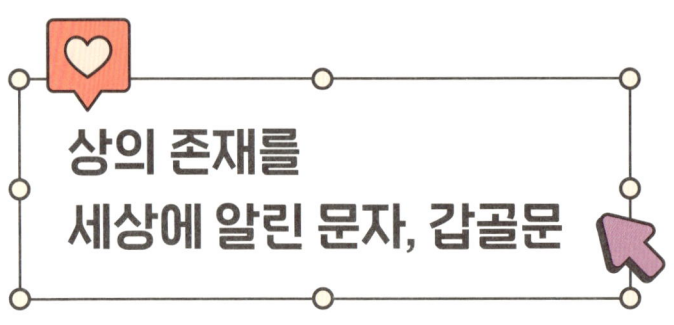

🧒 삼촌, 아까 영상에서 거북이 배딱지에 새겼던 글자 말이에요, 한자랑 비슷하게 생겼던데요?

잘 봤어. 그 글자가 바로 한자의 조상쯤 되는 '갑골(甲骨)문'이야. '갑골 문자'라고도 하지. 거북이 배, 등딱지나 짐승의 뼈인 갑골에 새긴 문자라 해서 이런 이름이 붙었단다. 상형 문자인 갑골문을 만들어 쓴 나라는 중국의 '상'이라는 나라였는데, 상은 나라의 중요한 일을 점을 쳐서 결정했어. 갑골에 작은 구멍을 내고 불로 지져서, 갑골이 갈라지는 모양으로 점괘를 판단했지. 그리고 그 결과를 갑골문으로 기록한 거야.

실제 갑골문이 새겨진 거북이 배딱지 모습이야. 한자랑 정말 많이 닮았지?

살려 줘!

이 갑골문 덕분에 상이 실제로 존재한 나라라는 사실을 확인할 수 있었어. 그 전까지 상은 중국의 '한'이라는 나라의 역사학자 사마천이 쓴 책 《사기》에 기록된 전설 같은 나라였을 뿐, 흔적을 찾을 수 없었거든.

 갈라진 갑골로 상의 존재를 알 수 있었다고요?

 한 갑골에 상에 관한 모든 내용이 갑문문으로 새겨져 있었다는 뜻인가?

하하, 그게 아니라 우연히 발견한 갑골문 덕분에 상의 유물과 유적을 발굴할 수 있는 실마리를 찾았다는 거지. 1899년에 중국의 '청'이라는 나라의 학자 왕의영이 병에 걸려 약을 지었는데, 약재 중 갑골문이 새겨진 용골*이 들어 있는 걸 발견했어. 놀란 왕의영은 이 용골이 어디서 난 건지 수소문하면서 갑골문이 새겨진 용골을 보이는 대로 모두 구입해 연구했지. 그리고 세월이 지나 1928년 정부 차원에서 은허 유적 발굴을 시작하기에 이르렀단다.

 은허가 어딘데요?

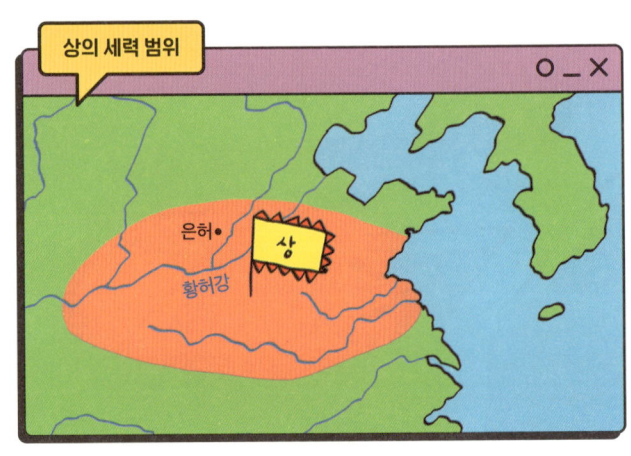

은허는 지금의 중국 허난성 지역에 있는 곳으로 상의 마지막 수도였어. 은허 지역의 발굴이 시작되자 거대한 성벽으로 둘러싸인 도시가 있었다는 게 드러났어. 도시 중심에는 신을 모시는 제단과 신전, 궁궐이 있었고 그 주위에 왕족과 백성들의 집이, 외곽엔 청동기나 도기, 돌로 물건을 만드는 장인들의 마을이 있었지.

 청동기! 상은 청동기 시대의 나라였군!

• **용골**: 커다란 동물이 죽은 뒤 세월이 오래 지나 화석처럼 변한 뼈.

그렇단다. 상은 청동기를 다루는 기술이 뛰어났어. 특히 상의 왕은 귀한 청동으로 크고 화려한 그릇과 장식품을 만들어 제사를 지내는 등 자신의 권위를 과시했지.

 그런데요 삼촌, 상은 왜 점으로 나라의 중요한 일을 결정했던 거예요?

 그러게요. 전 어쩌다 겨우 한 번 심심풀이로 타로점을 보거든요.

아, 상은 왕이 제사와 정치를 동시에 맡아보는 '제정일치' 사회이자 왕이 신 또는 신의 대리자로 여겨지며 사람들을 다스리는 '신권 정치' 사회였어. 고대에는 많은 나라들이 대체로 이런 사회 형태를 띠었지. 그러니 상은 왕이 제사나 전쟁, 농사일 같은 중요한 나랏일을 대부분 신의 뜻을 묻는다는 의미로 점을 쳐 결정했어. 음, 점으로 나라를 다스렸다고 하니 믿음직스럽지 않나 보구나. 하지만 상은 농사에 달력을 사용했을 정도로 농업이 발달한 나라였어. 그리고 그땐 정치가 곧 종교나 다름없던 시대라, 당시의 점은 결코 너희가 생각하는 것처럼 가벼운 행위가 아니었단다.

🐛 버들 인간은 한 나라의 왕이 좋아하는 사람한테 언제 고백하면 되냐고 물어보는 귀여운 사랑점 같은 걸 친다고 생각했나?

 아니거든! 흥!

싸우지들 마라. 삼촌 설명 아직 안 끝났다. 자, 그럼 다시 은허 유적 이야기로 돌아가 보자. 아까 은허 유적에서 발굴된 도시에는 신전과 궁궐, 백성들의 마을이 있었다고 했지? 그 북쪽으로는 왕과 왕족들의 무덤이 있었단다.

 왕의 무덤이요? 이집트 피라미드처럼 거대했나요? 그 무덤에도 부장품들이 많이 묻혀 있었어요?

물론이야. 여러 유골과 부장품이 발견됐지. 하지만 무덤의 형태는 피라미드와 반대였어. 피라미드는 위로 높게 솟아 있지만, 상은 땅 아래를 깊게 파서 지하에 무덤을 만들었지. 고대 중국인들은 지하에 '황천길'이 있다고 믿었거든.

엇, 할머니가 사람이 죽으면 황천길에 간다고 하셨었는데!

그 황천길 맞아. 황천길은 죽은 사람의 혼이 산다고 여겨지는 세상으로 가는 길이야. 그래서 왕의 시신을 황천길에 조금이라도 더 가까이 묻으려고 땅을 파 무덤을 만든 거지.

 이집트인들의 생각과 이렇게 다를 수도 있네요. 다 같은 사람인데.

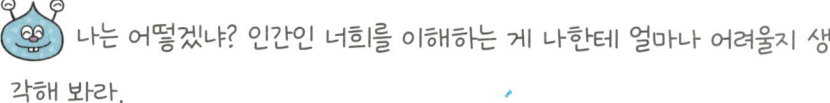 나는 어떻겠냐? 인간인 너희를 이해하는 게 나한테 얼마나 어려울지 생각해 봐라.

외계인도 힘든 게 많았나 보구나. 그래도 이건 알아주렴. 으뜸이와 버들이가 널 너희 별로 돌려보내 주기 위해 싫어하는 공부도 꾹 참고 한다는 걸.

 옳소! 외계인은 우리한테 고마워해야 해!

 음, 그렇게 생색을 내니까 고마웠던 마음이 사라지려고 한다.

하하하, 얘들아. 집중해야 빨리 끝나지. 자, 다음 사진을 보자. 상의 제22대 왕 무정의 왕비인 부호의 무덤인데, 다행히 이 무덤은 상의 무덤 대부분이 도굴당한 것과는 달리 꽤 온전한 상태로 발견됐어.

그래. 으스스하지? 상에서는 왕이 죽으면 왕을 섬기던 많은 사람을 같이 묻었어. 이렇게 한 집단의 지배자가 죽었을 때 스스로, 또는 강제로 산 사람을 함께 묻는 일을 '순장'이라고 해. 상의 왕 무덤에는 사람뿐 아니라 전차와 말, 청동기, 점을 칠 때 사용한 갑골까지 함께 묻었지. 이런 모습을 보면 상의 왕들은 매우 강력한 권력을 가지고 있었음을 알 수 있어. 그런데 상의 마지막 왕인 주왕이 방탕하고 사치스럽게 생활하고 폭정을 일삼으며 나랏일을 소홀히 하자, '주'라는 나라가 기원전

1100년경 반란을 일으켜 상을 멸망시켰어. 주의 무왕은 이렇게 외쳤다고 해. 자, 으뜸이가 그 내용을 한번 읽어 볼까?

하늘의 명은 이제 상을 떠났다. 하늘은 포악한 정치를 일삼은 상을 대신해 주에 명을 내렸다. 주는 덕으로 백성을 다스리며 하늘의 명을 받들 것이다!

잘했어. 주는 상을 멸망시킨 것이 하늘의 명을 받은 정당한 일이라고 주장하는 '천명사상'을 외쳤단다. 이제는 주가 황허강 유역의 지배자가 된 거야. 과연 주가 얼마나 오래 지속되었는지는 다음에 알려 줄게.

세계사, 요점만 쏙쏙!

▶ **중국 문명**

① 기원전 1600년경 상이 하를 멸망시키고 황허강 유역을 차지함.
② 상은 점을 쳐서 나랏일을 결정한 뒤 그 내용과 결과를 갑골문으로 거북이 배딱지나 동물 뼈인 갑골에 새김. 이 갑골문 덕분에 상의 존재가 세상에 증명됨.
③ 상은 제정일치 사회이자 신권 정치 사회였고, 순장이 행해졌음. 기원전 1100년경 주에 의해 멸망함.

이 뼈를 약으로 달여 마셨다면 상의 존재를 영영 몰랐을 뻔했군.

왕의영

삼촌의 질문 일곱

오랫동안 땅속에 묻혀 있던 고대 인도의 계획도시는?

인도 북쪽에는 세계에서 가장 높은 산인 에베레스트산을 품은 히말라야산맥이 있어. 이 산맥에서 시작된 물줄기는 서쪽으로는 인더스강, 동쪽으로는 갠지스강으로 흐르지. 인더스강 주변에는 기름진 평야 지대인 펀자브 지방이 있는데, 이곳을 중심으로 기원전 2600년에서 기원전 2500년경 인도 문명이 싹텄어. 인도 문명은 20세기에 오래된 도시 유적들이 발견되면서 옛 모습을 조금이나마 짐작할 수 있게 되었단다.

삼촌 선생, 혹시 뀌었냐?

기원전 2600년~2500년경 — 인도 문명 발생
기원전 1750년경 — 인도 문명 쇠퇴

 **세계사 수업 7일 차** | 우리 동네 지도 그리기

인도 문명을 대표하는 계획도시, 하라파와 모헨조다로

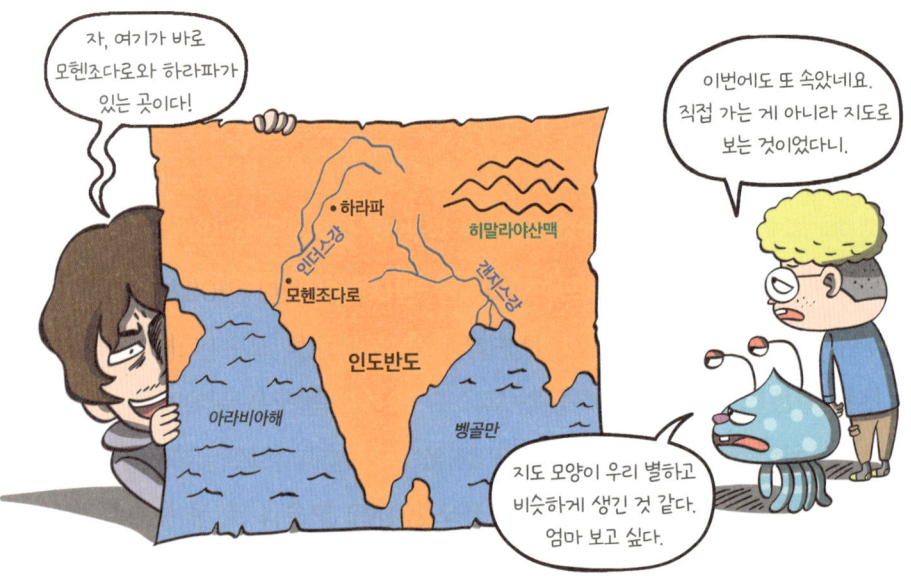

하하, 실망하기엔 아직 일러. 외계인, 부탁한다!

자, 얘들아! 지도를 보면 인도 문명은 어떤 특징이 있을 것 같니?

음, 적들이 쉽게 쳐들어오지 못했을 것 같아요. 우리나라처럼 삼면이 바다고, 북쪽은 높은 산이 많은 히말라야산맥이 막고 있잖아요.

잘 봤어. 또 하나! 히말라야산맥에 쌓여 있던 눈과 빙하가 녹아 동쪽의 갠지스강과 서쪽의 인더스강으로 흐르면서 두 강물의 양이 풍부해졌고 농사에 큰 도움을 줬어. 그러니 사람들이 히말라야산맥을 얼마나 중요하게 생각했을지 상상이 되지?

네, 인더스강은 인도 문명 사람들의 생명수나 마찬가지였겠네요.

그런데요 삼촌, 모헨조다로나 하라파 같은 도시 유적은 어떻게 알려졌어요? 이 두 곳에서도 우연히 갑골문 같은 유물이 발견됐어요?

음, 비슷해. 두 도시 유적이 발견된 1920년대는 인도가 영국의 지배를 받고 있을 때였어. 그 당시 영국이 인더스강 부근에서 철도 공사를 하고 있는데 땅속에서 못 보던 돌조각들이 계속해서 나오는 거야. 크기는 가로세로 3센티미터쯤 되고 동물 그림과 문자가 새겨져 있었는데, 물건을 사고팔 때 쓰인 인장 같았지. 심상치 않은 예감에 고고학자들이 모여 그 주변을 계속 파 봤더니 무려 기원전 2500년보다 더 일찍 존재했었던 하라파 유적이 발견됐단다.

하라파 유적에서 발견된 돌 인장이야. 인장은 단체나 개인, 관직 등의 이름을 나무나 돌 같은 물건에 새긴 도장 같은 것을 말해. 이 인장에 새겨진 인더스 문자는 아직 해독되지 않았지만, 인도 문명 사람들은 이 인장을 메소포타미아 지역 사람들과 교역할 때 사용했을 것으로 여겨진단다.

 그럼 모헨조다로 유적은 언제 발견되었나?

하라파 유적이 발견되고 얼마 지나지 않아 멀지 않은 곳에서 모헨조다로 유적도 발견되었어. 모헨조다로는 같은 시대의 메소포타미아나 이집트의 도시에 비해 훨씬 발전된 모습이었어. 건물을 지을 때도 대부분의 벽돌을 정성껏 불에 구워서 썼지. 벽돌을 불에 구우면 훨씬 튼튼했거든. 심지어 건물을 지을 때와 도로를 놓을 때 쓴 벽돌의 모양과 크기가 각각 달랐고, 용도가 같은 벽돌끼리는 그 크기가 일정했다고 해.

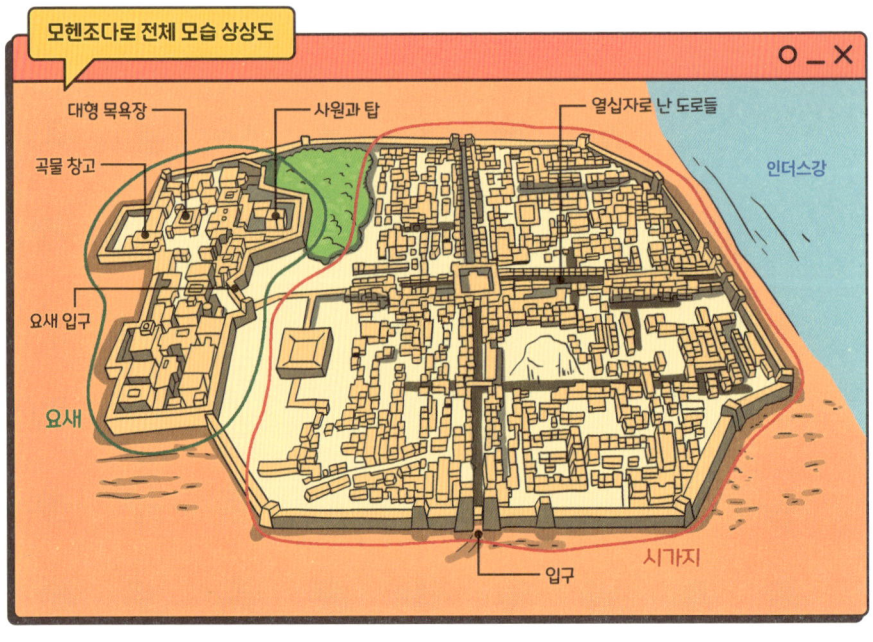

약 4,500년 전에 지어진 도시가 이렇게 질서 있다니! 믿어지지 않는다.

그렇지? 도시 서쪽에 있는 언덕 지역에는 방어를 위해 성벽을 쌓은 튼튼한 요새가, 동쪽에는 사람들이 사는 큰 시가지가 있었어. 동쪽 시가지의 도로는 무척 체계적으로 정비되어 있었는데 중앙에는 큰 도로가, 그 주변으로 작은 도로들이 열십자(十)로 나 있었지. 그 도로를 따라 건물이 질서 있게 지어져 있었어. 서쪽 요새에서는 곡물 창고와 사원과 탑, 그리고 대형 목욕장이 발견되었단다.

모헨조다로의 대형 목욕장 모습

 대형 목욕장요? 그때도 공중목욕탕이 있었나 보네요.

 흠흠, 우리 별에서 목욕은 무조건 혼자서 한다.

하하, 그래? 그런데 모헨조다로의 대형 목욕장은 일반적인 공중목욕탕이 아니라 제사를 지내기 전에 몸을 씻는 등 종교 의식에 쓰이던 장소로 여겨지고 있어. 인도 문명 사람들은 몸을 씻는다는 것에 종교적인 의미를 둔 것 같아. 오늘날 인도 사람들이 갠지스강을 성스럽게 여기고 그곳에서 몸을 씻는 것처럼.

인도 갠지스강에서 몸을 씻는 사람들의 모습

아, 저 모습이 종교 의식이었군요.

날씨가 더워서 물에 들어가는 건 줄 알았어요.

또 모헨조다로 유적에는 집집마다 우물과 화장실, 목욕탕, 그리고 집에서 쓴 물을 흘려보내는 하수도 시설까지 있었어. 세계에는 아직도 하수 처리 시설이 제대로 갖춰지지 않은 곳이 많은데, 수천 년 전에 이미 하수도 시설을 이용하고 있었다니 놀랍지 않니? 이 밖에도 인도 문명의 모습을 엿볼 수 있는 채색된 토기와 조각상 등 여러 유물들이 모헨조다로 유적에서 발견되었어. 동물 그림과 문자가 새겨진 인장도 2,000여 개나 나왔지. 그 역사적 가치를 인정받아, 모헨조다로 유적은 1980년 유네스코 세계 문화유산으로 지정되었단다.

　삼촌, 이쯤 되니 궁금해요. 인도 문명에는 어떤 거대 건축물이 있었나요? 지구라트나 피라미드 같은 큰 건축물 말이에요.

　그게 말이다, 인도 문명 유적에서는 거대한 건축물도, 거대 건축물을 지으라고 지시할 강력한 힘을 가진 왕의 흔적도 발견하지 못했어. 대신 집의 크기와 모양이 비슷하고 집에서 생활하는 사람들을 위한 시설이 발달한 것으로 보아 아마 당시는 꽤 평등한 사회였을지도 모른단다. 하지만 이것도 다 추측일 뿐이야. 모헨조다로와 하라파 유적이 발굴된 것도 겨우 약 100년 전 일이고, 아직 문자가 해독되지 않아서 많은 부분이 베일에 싸여 있거든.

그러고 보니 세계 4대 문명 중 인도 문명만 유일하게 옛 문자가 해독되지 않았네요!

 언젠간 인도 문명의 문자가 모두 해독돼서 더 많은 사실이 밝혀지면 좋겠다.

　나도 그래. 그런데 안타까운 사실이 있어. 모헨조다로 유적의 윗부분에서 사람들의 뼈가 많이 발견된 거야. 마치 갑작스럽게 일어난 큰 사건으로 죽음을 맞이한 듯한 모습이었지. 그래서 '죽은 자의 언덕'이라는 뜻의 '모헨조다로'라는 이름이 붙었다고 해.

　으, 전쟁이 일어나서 사람들이 갑작스럽게 죽은 걸까요? 아까는 히말라야 산맥 덕분에 적이 쉽게 쳐들어오지 못했을 거라 하셨잖아요.

　갑자기 어마어마한 모래바람이라도 불어서 도시 전체가 흙 속에 파묻힌 걸까요?

　글쎄다. 모헨조다로 사람들의 유골이 왜 그런 모습으로 발견됐는지, 왜 인도 문명이 쇠퇴했는지는 아직까지 정확히 밝혀지지 않았어. 다만 지각 변동으로 자연재해가 일어났거나, 갑작스러운 기후 변화로 인더스강 주변이 홍수가 났거나 사막처럼 변해서 농사가 어려워 식량난이 심해졌다거나, 아니면 후에 인도 지역을 점령한 아리아인이나 다른 민족의 침입 때문이 아닐까 추측만 할 뿐이야. 이렇게 발달한 계획도시가 갑자기 사라져 흙 속에 파묻혔다는 게 미스터리할 따름이란다.

 혹시…… 외계인이 그런 거 아닐까요?

 나 아니다! 우리 조상들도 그랬을 리 없다! 생 외계인 잡지 마라!

 맞아! 얼른 외계인한테 사과해!

하하하! 혹시 또 모르지. 외계인이 살던 별 말고 다른 별에 사는 외계인들의 소행일지도?

세계사, 요점만 쏙쏙!

▶ 인도 문명

① 인도 문명은 지금의 인도와 파키스탄이 자리 잡고 있는 인더스강 유역에서 발생함.
② 하라파와 모헨조다로는 계획적으로 지어진 도시 유적이었음. 잘 정비된 도로에 구운 벽돌로 집을 짓고, 하수도 시설까지 갖출 정도로 철저한 계획도시였다고 여겨짐.
③ 아직까지 인도 문명의 문자가 해독되지 않아 많은 부분이 베일에 싸여 있음.

삼촌의 질문 여덟

약 3,000년 전부터 지금까지 내려오는 인도의 신분 제도는?

인도 문명의 중심 도시였던 모헨조다로와 하라파가 흙 속에 묻혀 사라지고, 기원전 1500년경 유목 민족인 아리아인이 말과 전차를 타고 인더스강 유역으로 침입해 왔어. 큰 키에 건장한 체격, 흰 피부색을 가진 아리아인은 그곳에 살고 있던 키가 작고 피부색이 어두운 드라비다족을 몰아내거나 노예로 부렸지. 그러다 기원전 1000년경, 아리아인은 갠지스강 부근으로 이동해 정착하고 도시 국가를 세웠어. 이때 지배 계급인 아리아인과 피지배 계급인 드라비다족이 가질 수 있는 직업이 서로 달랐는데, 이 차이가 오늘날까지 이어지는 인도의 신분 제도로 굳어지게 될 줄은 누구도 생각하지 못했을 거야.

농사가 잘되어야 할 텐데.

아무리 힘들어도 어쩔 수 없지. 운명이니 참고 견디는 수밖에.

세계사 수업 8일 차 | 인도에 가다

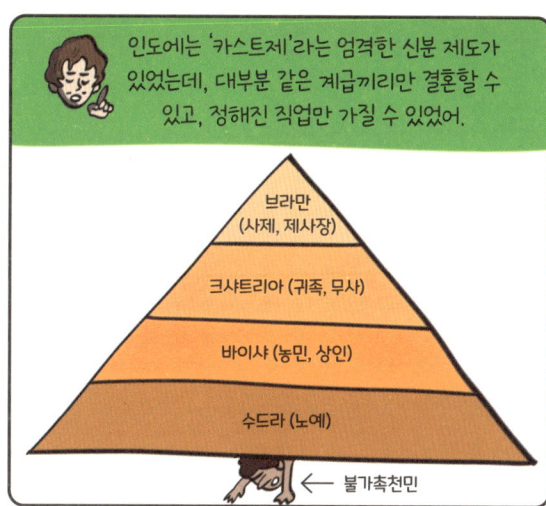

철기를 앞세워 인도에 정착한 아리아인들이 만든 카스트제

 삼촌, 그런 신분 제도가 생긴 이유가 뭐예요?

음, 문명 발생 초기에 사유 재산 개념이 생기면서 재산이 많은 사람이 지배 계급으로 떠올랐다는 건 알고 있지? 그런데 카스트제는 조금 달라. 어떤 이유였을까?

 누가 침략한 거다! 그래서 쉽게 지배하려고 계급을 나눈 거다.

맞아. 기원전 1500년쯤 아시아 대륙의 중앙 지역인 중앙아시아에서 체격이 크고 피부가 흰 유목 민족이 인더스강 유역으로 침입해 왔어. 그들은 스스로를 고귀한 사람이라는 뜻의 '아리아인'이라 불렀지. 그 전까지 인더스강 유역에 살고 있던 드라비다족은 아리아인 때문에 쫓겨나듯 남쪽으로 이동해야만 했어. 그리고 기원전 1000년쯤이 되자 아리아인은 더 살기 좋은 곳을 찾아 동쪽에 있는 갠지스강 유역으로 진출했어. 자, 아리아인이 어떤 경로로 인도 지역에 정착했는지 지도로 살펴볼까?

이후 아리아인은 갠지스강 유역에 정착해 전부터 사용해 오던 철기로 철제 농기구를 만들어 농사를 짓기 시작했어. 그랬더니 농업 생산량도, 인구도 늘었지. 부강해진 아리아인은 전쟁을 활발히 벌여 더욱 땅을 넓혀 나갔고 발전된 도시 국가를 세웠어.

 아리아인의 수가 엄청 많아져서 드라비다족을 밀어냈나 보네요.

아니, 그 반대야. 오히려 소수의 아리아인이 드라비다족을 잘 통제하고 지배하기 위해 '카스트제'라는 신분 제도를 만들었단다. '카스트'라는 말은 '신분', '혈통'이란 뜻인데, 가장 높은 계급인 브라만부터 크샤트리아, 바이샤, 수드라 순으로 구분되어 있고 각 카스트마다 가질 수 있는 직업과 권한, 역할, 행동이 다 정해져 있었어.

아! 그렇군. 우리 별에서도 비슷한 일이 있었다. 침입한 종족이 높은 계급을 차지하고, 원래 살던 종족을 낮은 계급으로 두어 복종하게 만들었다.

외계인이 비슷한 경험을 했구나. 이 카스트제는 아리아인이 믿던 '브라만교'와 관련이 깊어. 브라만교는 태양이나 물, 번개 같은 자연물과 자연 현상을 섬기는 종교로, 이러한 신들을 찬양하는 내용과 종교 의식 등을 담은 책인 《베다》를 경전으로 삼았지. 《베다》는 브라만 계급이 오랜 세월 동안 외워서 입으로 전하다가, 수 세기가 지나서야 기록으로 펴냈다고 알려져 있어.

이 사진은 《베다》 중 가장 오래된 《리그베다》의 모습이야. '베다'는 지식, 지혜란 뜻이지.

 경전을 전부 외웠다고요? 브라만들이 머리가 좋았나요?

하하, 그게 아니라 《베다》를 외우고 그 의식을 따르는 게 브라만들의 특권이었거든.

 아, 카스트제의 꼭대기 계급이 브라만, 그들이 믿는 종교는 브라만교!

으뜸이의 추론 능력은 알아줘야 해. 브라만은 대단한 특권을 쥔 계급이었어. 사제, 제사장으로 이루어진 브라만은 제사 의식을 담당했기에 힘과 권한이 막강했지. 인도에서는 카스트제를 '바르나제'라고도 하거든? '바르나'는 색깔이라는 뜻이란다. 아까 본 지도에서 아리아인과 드라비다족의 피부색이 달랐던 것 기억나지?

 네. 헉! 설마 피부색으로 차별한 건가요? 그건 인종 차별이잖아요!

맞아. 사람을 생김새나 외모로 차별해서는 절대 안 돼. 그런데 카스트제는 모든 사람이 태어날 때부터 평생의 신분과 직업, 지위가 정해져 있다고 못 박았어. 카스트제의 네 계급 사람들이 어떤 신분과 직업으로 살아야 했는지가 《리그베다》에 잘 나와 있단다. 다음은 《리그베다》에 나오는 고대 인도 신화 중 일부를 요약한 내용이야.

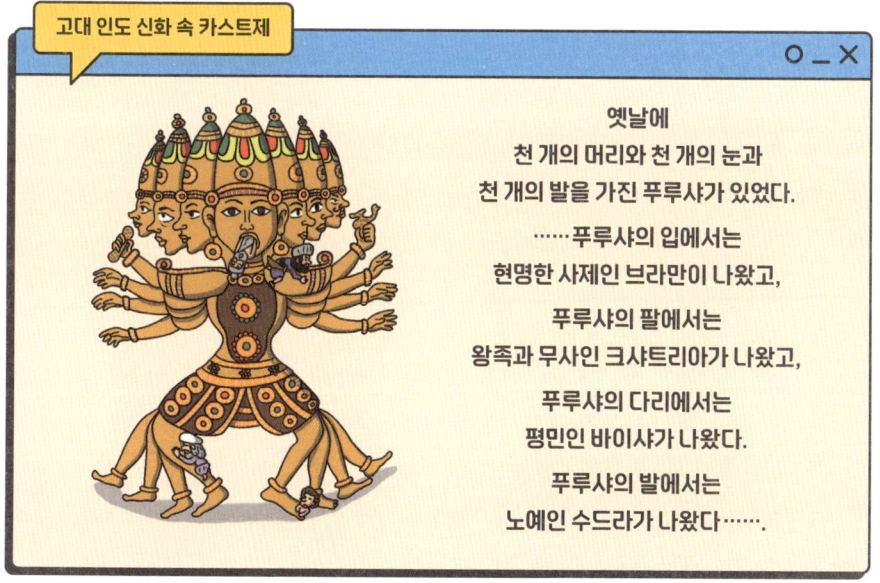

고대 인도 신화 속 카스트제

옛날에 천 개의 머리와 천 개의 눈과 천 개의 발을 가진 푸루샤가 있었다. ……푸루샤의 입에서는 현명한 사제인 브라만이 나왔고, 푸루샤의 팔에서는 왕족과 무사인 크샤트리아가 나왔고, 푸루샤의 다리에서는 평민인 바이샤가 나왔다. 푸루샤의 발에서는 노예인 수드라가 나왔다…….

🙎 좀 으스스한데요? 입이랑 팔, 다리, 발에서 나왔다는 게 무슨 뜻이에요?

이건 각 카스트의 직업과 삶을 상징적으로 보여 주는 신화야. 브라만은 입에서 나온 사람답게 현명하여 권위 있는 제사장이 되고, 팔에서 나온 크샤트리아는 힘을 쓰는 무사가 되어 브라만을 보호하고, 다리에서 나온 바이샤는 농부와 상인이 되고, 수드라는 발에서 나온 사람답게 브라만과 크샤트리아 등 다른 계급을 위해 노동해야 한다는 거지. 평생. 드라비다족은 대부분 가장 낮은 수드라 계급에 속했어.

👽 말도 안 된다! 태어날 때부터 계급과 직업이 결정되는 건 우리 별에서는 있을 수 없는 이야기다. 그런데 삼촌 선생, 계급 하나를 말 안 했다. 불가촉천민!

역시 외계인은 예리하구나. 불가촉천민은 카스트에 끼지도 못했어. 수드라 계급이 하는 일보다 더 힘든 일을 도맡아야 했지. 지금도 옛날식 화장실의 배설물을 직접 손으로 퍼서 버리는 등 힘들게 일하는 불가촉천민이 많아.

🙎 아까 보니까 지금도 불가촉천민을 차별하는 것 같은데……. 만약 바이샤가 불가촉천민이랑 결혼하고 싶어 하면 어떻게 되나요?

🧑 조선 시대 때 궁녀가 왕의 아이를 낳으면 신분이 올라갔잖아. 그런 것과 비슷하지 않을까? 시간이 많이 흘렀으니 차별도 덜할 것 같은데.

음, 현재 인도의 헌법은 카스트제에 의한 차별을 금지하고 있지만, 여전히 사회적으로는 카스트제가 뿌리 깊게 박혀 있어. 높은 계급 사람은 자기보다 낮은 계급과 식사도, 결혼도 하려 하지 않는다고 해. 과거에는 불가촉천민이 《베다》를 쳐다봤다는 이유로 눈을 뽑고, 슬쩍 닿기만 해도 팔을 잘랐을 정도로 무자비한 차별이 행해졌어.

 왜 그런 대접을 받는데 가만있었어요? 제가 들어도 이렇게 억울한데!

차별받는 사람들이 왜 억울하지 않았겠어. 그런데 대부분은 이런 대접을 받는 건 당연한 순리이며, 다음 생에 더 나은 삶을 살려면 이번 생에 정해진 운명을 받아들이고 착하게 살아야 한다고 생각했지. 이에 반대하는 종교가 후에 등장하는데, 그건 다음에 얘기해 줄게.

 **세계사, 요점만 쏙쏙!**

 아리아인과 카스트제

① 기원전 1500년경 중앙아시아의 유목 민족 아리아인이 인더스강 유역에 침입함.
② 브라만교를 믿던 아리아인은 기원전 1000년경 동쪽으로 이동해 갠지스강 부근에 정착하고 카스트제를 만듦.
③ 현재 인도에서 카스트제에 의한 차별이 법으로 금지되었지만, 아직도 사회 전반에 차별 문화가 존재함.

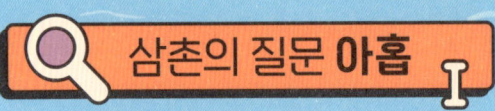

지중해를 중심으로 활발히 전파되어 영어 알파벳의 기원이 된 문자는?

메소포타미아 지역과 이집트 지역이 접하고 있던 지중해 동쪽 해안에는 크고 작은 나라들이 있었어. 그중 바닷길을 이용한 활발한 무역으로 지중해를 장악한 나라가 있었는데, 바로 페니키아였지. 페니키아인은 기원전 1100년 무렵부터 지중해 주변 나라들과 활발한 무역을 하며 독특한 문자를 사용하고 전파했단다. 과연 어떤 문자였을까?

세계사 수업 9일 차 | 바닷가에서 영어 공부

해상 무역으로 지중해를 장악한 페니키아인들의 페니키아 문자

버들아, 쓸데없는 일이라니! 알파벳이 없었다면 복잡하고 어려운 상형 문자를 공부해야 했을지도 모르는데.

 앗, 생각해 보니 그러네요. 페니키아인, 고맙습니다!

그런데 페니키아인의 문자가 어떻게 영어 알파벳이 되었다는 건가? 모양이 비슷했나?

우선 페니키아는 유럽과 아프리카, 그리고 소아시아* 땅에 둘러싸인 지중해의 동쪽 해안 지대에서 바다를 중심으로 해양 문명을 꽃피운 나라야. 우리가 지금까지 살펴본 문명들은 모두 큰 강을 중심으로 생겨났다고 했지? 그런데 페니키아는 좀 달랐어. 물론 전에도 에게해 주변의 크레타섬에서 일어난 크레타 문명이나 지금의 그리스 땅에서 싹튼 미케네 문명 같은 해양 문명이 번성했었지만, 화산 폭발이나 이민족의 침입, 주변 도시 국가의 침략 등을 이유로 멸망했었지.

• **소아시아**: 흑해, 에게해, 지중해 등에 둘러싸여 있는 아시아 서쪽 끝의 땅.

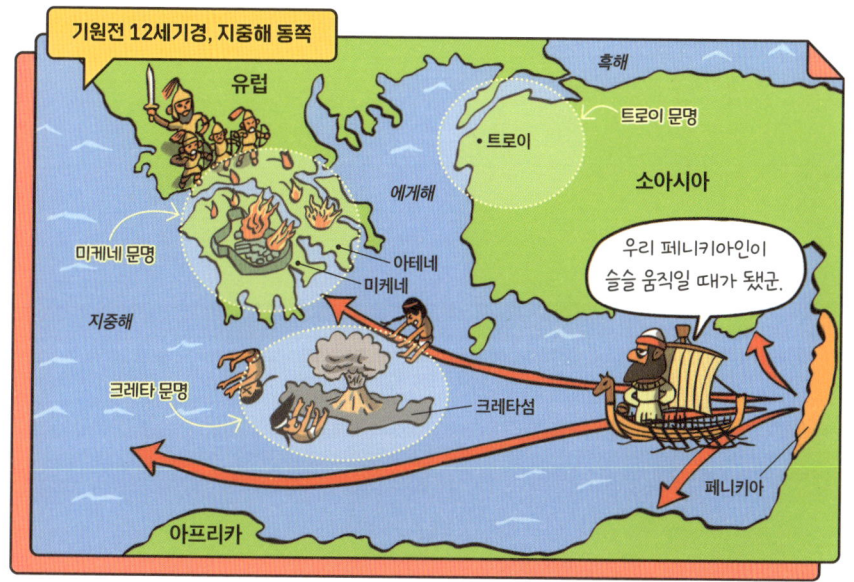

이 크레타 문명과 미케네 문명, 그리고 소아시아 서쪽의 트로이 문명을 통틀어 '에게 문명'이라고 해. 에게해 주변에서 번영한 문명이라는 뜻에서.

 응? 페니키아 문명은 에게 문명에 속하지 않는 건가?

응. 당시 지중해 동쪽 해안에 자리 잡고 있던 페니키아인들은 기원전 1200년쯤에 나라를 세우고 미케네 문명이 쇠퇴한 뒤인 기원전 1100년쯤부터 지중해 무역의 물꼬를 터 나갔어. 해상 무역을 활발하게 한 덕분에 항해술도 발달해서 점점 지중해 전역의 무역을 장악했단다. 가까운 그리스 지역부터 멀게는 유럽 서쪽 끝, 지금의 에스파냐가 있는 이베리아반도까지 말이야.

비결이라도 있었나요? 지중해 무역을 장악한 비결이요.

 혹시 다른 나라엔 없는 특이한 물건을 팔았나요?

이유는 많아. 먼저 페니키아의 해안에는 배가 쉽게 드나들 수 있는 넓은 천연 항구가 많았어. 그리고 페니키아 동쪽으로 넓은 삼나무 숲이 있었는데, 삼나무는 단단한 데다 곧게 쭉 뻗어 자라서 배를 만들기에 안성맞춤이었지. 또 페니키아인은 배 만드는 기술도 아주 뛰어나서 크고 튼튼한 배로 지중해를 휘젓고 다녔단다.

페니키아인들의 배 '갤리선'의 모습

 음, 바다를 누빌 튼튼한 배와 넓은 항구. 해상 무역을 장악하기 딱이었겠다.

그뿐만이 아니야. 아까 페니키아의 항해술이 발달했다고 했었지? 페니키아인은 밀물과 썰물 때의 바닷물 흐름, 그로 인한 바닷물 높이의 변화에 대한 지식과 별자리로 위치를 파악하는 천문학 지식까지 갖추고 있었어. 그렇게 튼튼한 배로 무역도 하고, 탐험도 하면서 벌어들인 돈으로 지중해 곳곳에 식민 도시를 세웠어.

 삼촌, 아직 페니키아가 어떤 물건을 사고팔았는지 말씀 안 해 주셨어요!

아, 그렇지! 방금 말했던 페니키아의 튼튼한 삼나무! 삼나무는 배뿐만 아니라 건물을 만들 때도 많이 쓰여서 늘 귀한 대접을 받았어. 또 금속과 유리로 만든 공예품도 많이 수출했지. 페니키아인은 손재주가 좋았었나 봐. 그리고 또 있는데, 한번 맞혀 볼래?

 너무 막막해요, 삼촌. 힌트 없어요?

그럼 삼촌이 딱 한 번만 힌트를 줄게. 힌트는 '페니키아'야.

삼촌 선생은 힌트 주기 싫은 거다. 페니키아인들이 사고판 물건을 물었는데, 갑자기 나라 이름을 말하다니!

좀 어려웠니? 정답은 자주색 염료와 그 염료로 염색한 옷감이야. 힌트인 '페니키아'가 바로 자주색을 뜻하는 그리스어에서 유래된 말이거든. 후후, 정답을 알고 나니 내가 답을 떠먹여 준 셈이지?

 우아, 자주색 염료와 옷감이 수출품이었다니, 상상도 못 했어요.

그렇지? 이 자주색 염료를 만들려면 바다에 사는 고둥이 필요했어. 약 1만 2,000마리의 바다 고둥에서 옷 가장자리를 겨우 염색할 양만 나왔기 때문에 무척 귀했고, 만드는 방법도 까다로웠어. 빛깔 역시 매우 아름답고 쉽게 변하지도 않아서 비싼 값에 팔렸지. 몇몇 나라에서는 이 자주색을 왕을 상징하는 색으로 지정했을 정도야.

또 페니키아는 그리스의 올리브유와 포도주 등의 물건을 사들여 다른 나라에 그대로 되파는 중계 무역도 하고, 아프리카와 아시아가 서로 물건을 사고팔 수 있게 그 사이에서 중개자 역할을 하는 중개 무역도 했단다. 이처럼 여러 나라와 무역을 하다 보니 물건을 사고판 내역을 잘 기록해야겠다고 생각했고, 문자를 쓰기 시작한 거야.

 혹시, 그 문자가…… 영어 알파벳이 된 거예요?

정답! 페니키아인들은 기원전 1100년쯤 22개의 표음 문자를 만들었어. 훗날 이 글자가 그리스 지역에 전해지면서 몇 글자가 변형, 추가된 뒤 또 로마로 전파되어 오늘날의 영어 알파벳으로 발전한 거야. 이 세 문자가 얼마나 비슷한지 한번 볼래?

페니키아에 얽힌 재미있는 신화가 있어. 너희, 프랑스나 영국이 속한 대륙의 이름인 '유럽'이 페니키아 공주의 이름과 비슷한 것 아니?

 에이, 저희가 알고 있을 리 없죠.

그리스 신화에 따르면, 바람둥이였던 신 제우스가 꽃을 따던 페니키아 공주 에우로페에게 반해서 황소로 변신해 에우로페를 등에 업고 크레타섬으로 납치해 갔대. 그곳에서 에우로페는 아들 세 명을 낳았지. 그때부터 에우로페 공주가 있던 지역을 '유럽'이라 불렀고, 그 지역이 점차 넓어져 오늘날에 이르렀다는 이야기가 있단다. 실제로 고대 그리스어인 '에우로페'를 영어식으로 읽으면 '유럽'과 비슷하게 들려.

 유럽이 에우로페란 이름에서 왔다니, 몰랐어요.

그런데 이 신화가 사실과는 좀 다르단다. 실제로는 에우로페가 납

치되기 전에 살고 있던 나라는 페니키아라 불리기 전이었고, 유럽이란 이름도 이미 쓰이고 있었다고 해. 우린 이 신화를 통해 페니키아가 서양 역사에 많은 영향을 끼쳤다는 것만 알아 두면 좋을 것 같구나.

 그렇군요. 페니키아 문자가 이렇게 널리 퍼져서 오늘날 세계인이 쓰는 영어 알파벳이 된 걸 보면 정말 좋은 문자였나 봐요.

그런데 난 영어가 왜 이렇게 어렵지?

다른 나라 언어를 배우는 건 당연히 어렵지. 열심히 공부하면 되니까 걱정 마. 으뜸이도 버들이 그만 놀리고! 그리고 오늘 배운 것, 외계인이랑 같이 꼭 복습하기다.

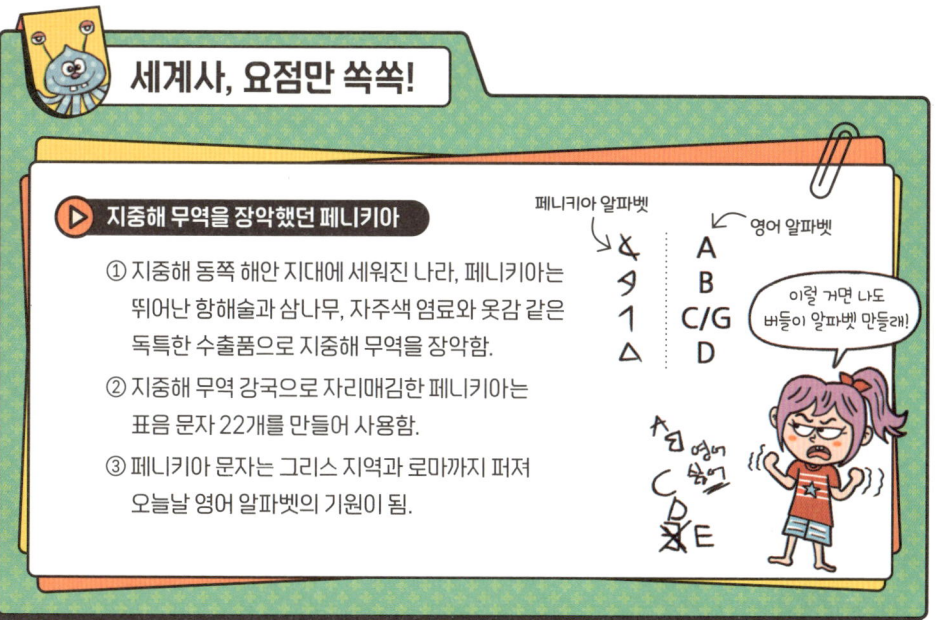

세계사, 요점만 쏙쏙!

▶ 지중해 무역을 장악했던 페니키아

① 지중해 동쪽 해안 지대에 세워진 나라, 페니키아는 뛰어난 항해술과 삼나무, 자주색 염료와 옷감 같은 독특한 수출품으로 지중해 무역을 장악함.
② 지중해 무역 강국으로 자리매김한 페니키아는 표음 문자 22개를 만들어 사용함.
③ 페니키아 문자는 그리스 지역과 로마까지 퍼져 오늘날 영어 알파벳의 기원이 됨.

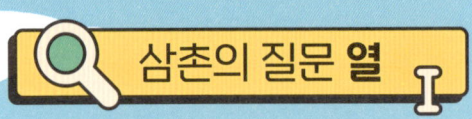

시민이 참여하는 민주 정치를 최초로 꽃피운 나라는?

에게 문명이 꽃핀 그리스 지역은 대부분 험한 산지와 수십 개의 작은 섬들로 이루어져 있어. 그래서 사람들은 살기 좋은 평야 지대에 모여 살았고, 기원전 8세기경 적의 침입을 막기 위해 마을 외곽에 성벽을 쌓으며 도시 국가를 형성했지.

시간이 지나면서 이런 도시 국가가 수백 개나 생겨났는데, 이 도시 국가를 '폴리스'라고 해. 대표적인 폴리스로는 아테네와 스파르타가 있어.

아테네도 처음엔 다른 폴리스처럼 왕이나 귀족이 나라를 다스렸어. 그런데 시간이 지나면서 변화가 일어났지. 평민들이 정치에 참여해 나라의 중요한 일을 결정하기 시작한 거야.

세계사 수업 10일 차 | 분식집에서

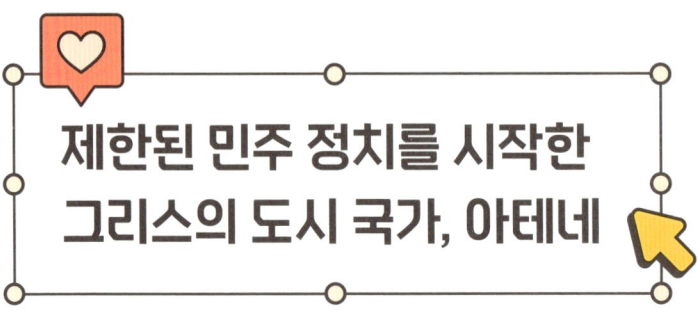

제한된 민주 정치를 시작한 그리스의 도시 국가, 아테네

지난번에 얘기한 지중해 무역 강국, 페니키아 기억하니? 그때 함께 말했던 크레타 문명과 미케네 문명도 기억하고?

 물론이다. 거기에 소아시아 서쪽에 있던 트로이 문명까지 합쳐서 에게 문명이라 하지 않았나?

맞아요. 그리고 페니키아가 그리스 지역과도 무역을 했다고 알려 주셨어요.

그런데 크레타 문명과 미케네 문명이 멸망하면서 각 왕궁이 파괴되어 아무런 기록도 남지 않았어. 그래서 이 시기를 '암흑 시대'라고도 해.

 아, 저도 기억나는 게 있어요! 페니키아가 그리스 지역에 페니키아 문자를 전파했다고 하셨어요!

셋 다 잘 기억하고 있구나. 그 시기부터 그리스 지역의 무역이 다시 활발해지면서 사람들이 점점 모여들기 시작했고, 그 영향으로 폴리스가 여러 개 생겨났어.

 삼촌, 잠깐만요! 폴리스는 우리말로 '경찰'이란 뜻 아니에요?

와, 우리 버들이 요즘 영어 공부 열심히 하는구나! 경찰을 뜻하는 '폴리스(Police)'와 정치를 뜻하는 '폴리틱스(Politics)' 모두 도시 국가란 뜻의 그리스어 '폴리스(Polis)'에서 유래된 말이야. 그리스 지역엔 이런 폴리스가 수백 개나 있었어. 한창 많을 때는 1,000개가 넘었다고 해.

헉! 1,000개나! 폴리스들 이름 외우기도 힘들었겠어요.

하하, 그랬을 거야. 더군다나 그리스 지역뿐 아니라 지중해 각지에 폴리스가 있었으니까. 그런데 말이지, 그리스인들로 구성된 폴리스들은 각각의 특색이 있으면서도 한편으로는 하나의 민족이라 생각했어.

스스로를 신화에 나오는 헬레네 신의 후손이란 의미로 '헬레네스'라 불렀고 고대 그리스어인 헬라어를 쓴다는 공통점이 있었거든. 폴리스에는 보통 수천 명에서 수만 명이 모여 살았는데, 이 폴리스의 높은 언덕 지대에 '아크로폴리스'를 지었단다. '아크로'라는 말 자체에 높다는 뜻이 담겨 있지. 이 아크로폴리스의 주위에는 성벽을 높게 쌓아서 신을 모시는 신전과 궁전 등을 보호했어. 그리고 아크로폴리스 아래에 있는 '아고라'는 시민들이 토론을 하거나 물건을 사고팔며 아주 활발하게 교류하는 광장이었단다.

활기 넘치는 아고라 광장의 모습

 삼촌 선생, 지금도 아크로폴리스에 신전이 남아 있나?

아, 그리스 아테네 지역에 있는 아크로폴리스에는 아테네의 수호신인 아테나를 모신 파르테논 신전, 그리스 신화에 나오는 에레크테우스 왕과 아테나, 포세이돈을 모신 에레크테이온 신전 등이 남아 있어.

> 진짜 높다!

> 정말로 가장 높은 곳에 지어져 있네요. 안전하겠다.

> 그리스 아테네에 있는 아크로폴리스야. 중앙에 여러 개의 기둥으로 이루어진 건물이 바로 유네스코 세계 문화유산 1호로 지정된 파르테논 신전이지.

그런데요 삼촌, 아테나랑 포세이돈을 모신 신전만 있어요? 올림포스 12신, 신들의 왕 제우스를 모신 신전은 없나요?

없을 리가. 제우스의 신전은 그리스 아테네에도 있고, 앞서 지도에서 살펴본 올림피아라는 곳에도 있어. 너희, 올림피아란 말을 들으면 생각나는 것 없니?

 아! 올림픽이요. 올림픽이 그리스에서 시작됐다고 들은 것 같아요.

맞아. 너희가 잘 아는 올림픽의 기원은 올림피아에서 제우스에게 제사를 지내던 제전이었어. 그러다 점차 종교 행사에서 스포츠 축제로 탈바꿈 된 거야. 올림피아 제전은 기원전 776년부터 기원후 393년까지 4년에 한 번씩 열렸어. 제사도 지내고, 각 폴리스를 대표하는 선수들이 모여 달리기와 멀리뛰기, 레슬링, 원반던지기, 창던지기 등의 경기를 치렀단다. 서로 전쟁하고 경쟁하던 폴리스들도 이때만큼은 전쟁을 멈추고 경기에 참가해 같은 민족이라는 유대감을 강하게 느꼈다고 해. 오늘날 열리고 있는 근대 올림픽은 1896년에 프랑스의 교육가 쿠베르탱에 의해 아테네에서 다시 시작되어 지금까지 세계인을 하나로 묶어 주는 축제로 이어지고 있지.

 아, 삼촌! 폴리스에도 왕이 있었어요? 그래서 왕이 폴리스를 다스렸나요?

음, 폴리스마다 달랐어. 스파르타는 왕과 귀족이 나라의 중요한 일을 결정하는 국가였고, 아테네는 처음엔 왕이 다스리는 왕정이었다가 점차 귀족이 다스리는 귀족정으로 바뀌었고, 이후 평민들도 정치에 참여했지.

 어떻게 평민이 정치에 참여할 수 있었는지 궁금하다.

좋은 질문! 아테네는 처음엔 왕족과 소수의 귀족이 권력을 가지고 있었어. 그런데 기원전 7세기 무렵 포도주나 올리브유, 청동 무기 같은 그리스 지역의 주요 생산물이 지중해 주변국으로 많이 수출되면서 상업이 발달해 농사와 상업에 종사하던 평민들이 부유해졌지. 돈이 많아진 평민들은 스스로 무기와 갑옷을 사서 전쟁에 뛰어들었어. 평민의 경제력, 군사력이 점점 커지자 평민의 요구는 높아질 수밖에 없었지. 자, 그럼 평민들이 어디로 눈을 돌렸을 것 같니?

 권력이요! 왕족과 귀족이 가진 권력에 눈을 돌렸겠죠?

　하하하, 맞아. 평민들은 직접 정치에 참여하고 싶어 했어. 기원전 6세기 초, 아테네의 정치가 솔론이 이를 받아들여 무기를 갖출 수 있는 재산과 경제력에 따라 계층을 나누어 정치에 참여할 수 있게 하는 개혁을 펼쳤어. 기원전 5세기 중엽엔 아테네를 이끌던 정치가 페리클레스의 노력으로 평민의 정치 참여의 폭이 더 넓어지면서 민주 정치가 꽃피게 되었지.

 민주 정치요? 민주주의는 많이 들어 봤는데…….

아테네 민주 정치의 전성기를 이끈 페리클레스의 동상이야. 페리클레스는 30년 넘게 아테네를 다스렸어.

아, 민주주의는 국민이 권력을 가지고 투표 등으로 권력을 행사하는 제도나 사상이고, 민주 정치는 이 민주주의에 바탕을 둔 정치를 말해. 당시 아테네의 민주 정치는 말 그대로 시민이 나라의 중요한 일을 토론이나 투표로 정하는 것이었어. 페리클레스가 이끌던 시대엔, 시민권을 가진 18세 이상의 남자라면 누구나 '민회'에 참석하여 토론하고 나라 정책을 결정하는 투표권을 행사할 수 있었어. 민회는 당시 정기적으로 열리던 시민 총회의를 말한단다. 민회에 참석하면 특별 수당도 줘서 가난한 사람도 일을 쉬고 나라 정책을 결정하는 일에 참여할 수 있었고, 나랏일을 하는 관리도 추첨을 통해 뽑았어. 어떠니, 대단하지? 약 2,500년 전에 아테네에서 시민들이 직접 정치에 참여하는 직접 민주주의가 이루어졌다는 사실이.

 진짜 대단해요! 저도 빨리 어른이 돼서 투표하고 싶어요.

그래, 우리 으뜸이 그때까지 공부 열심히 해야 한다.

 궁금한 게 생겼다. 그럼 여자들은 투표권이 없었던 건가?

여자뿐 아니라 노예, 외국인도 투표권이 없었어. 18세 이상의 모든 국민이 투표권을 가진 우리나라와는 좀 달랐단다.

 이럴 수가! 너무 아쉬워요.

그래도 말이다, 아테네의 민주 정치는 오늘날의 민주 정치가 발달할 수 있도록 기반을 다졌다는 점에서 큰 의미가 있어. 한편, 또 다른 폴리스인 스파르타는 다른 방식으로 나라를 다스렸어. 왕을 비롯한 적은 수의 지배층이 강력한 군사 제도 하에 사람들을 엄격하게 통치했지. 남자는 일곱 살에 부모와 떨어져서 군인이 되는 훈련을 받았고, 여자도 군사 훈련을 받았어. 그래서 지금도 강한 규율로 엄격하게 통제하는 교육 방식을 '스파르타식 교육'이라 하는 거란다.

후에 나올 페르시아에 맞서 300명의 스파르타 군사와 장렬하게 전사한 전쟁 영웅이자 스파르타의 제17대 왕, 레오니다스의 동상이야.

세계사, 요점만 쏙쏙!

▶ 아테네의 민주 정치

① 그리스 지역과 에게해 주변은 높고 험한 산지가 많아 도시 국가인 폴리스가 발달함.

② 폴리스의 높은 언덕 지대에는 신전과 궁전이 있는 아크로폴리스가, 그 아래에는 시민들을 위한 광장인 아고라가 있었음.

③ 대표적인 폴리스인 아테네에서는 시민권을 가진 18세 이상의 남자만 정치에 참여했던 제한된 민주 정치가 실시되었음.

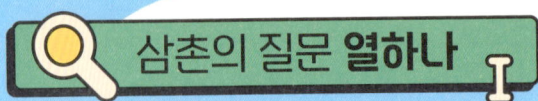

마케도니아의 왕 알렉산드로스가 자기 이름을 따 정복지 곳곳에 세운 대도시의 이름은?

그리스 지역 폴리스들이 세력 전쟁을 하는 동안, 변방 취급을 받던 마케도니아는 조용히 힘을 키우고 있었어. 그러다 기원전 4세기경, 폴리스들의 힘이 약해진 틈을 타 마케도니아의 왕 필리포스 2세가 그리스 지역을 정복했지. 뒤이어 왕이 된 마케도니아의 알렉산드로스는 유럽과 아시아, 이집트에 걸친 거대한 '알렉산드로스 제국'을 세웠어. 그리스 문화에 빠져 있던 알렉산드로스는 정복지에 자신의 이름을 딴 도시를 여럿 세우고 그리스인을 살게 한 결과, 그리스 문화가 확산되었단다.

알렉산드로스왕은 저렇게 어린데 어떻게 세계를 정복했지?

그러게 말이에요.

세계사 수업 11일 차 | 매듭을 풀어라!

알렉산드로스 제국의 중심이자, 동서양 문화의 독특한 융합이 일어났던 도시, 알렉산드리아

 같은 이름의 도시를 여러 개 세웠다고요? 진짜 대단한 왕이었나 봐요.

맞아. 굉장한 왕이었지. 알렉산드로스에 대해 알아보기 전에, 먼저 알렉산드로스가 세력을 뻗친 지역의 역사를 좀 들려줄게. 너희, 세계 4대 문명 중 하나인 메소포타미아 문명 기억나지?

 당연! 바빌로니아 왕국과 함무라비왕의 법전 이야기도 기억한다.

좋아. 함무라비왕이 세상을 떠나자 쇠퇴하기 시작한 바빌로니아 왕국은 결국 기원전 1595년쯤 히타이트인에게 멸망했어. 철기를 잘 다루던 히타이트인은 주변을 정복하며 메소포타미아 지역의 강자가 되었지만 기원전 12세기쯤 멸망했지. 이후 메소포타미아 지역에는 강력한 제국이 없었는데, 티그리스강에서 일어난 아시리아가 강한 철제 무기와 뛰어난 기마 전술로 차차 세력을 넓히다 기원전 8세기에서 기원전 7세기쯤 마침내 메소포타미아 지역 대부분을 통일했단다. 하지만 정복지를 강압적으로 통치하다 반란으로 멸망했어.

일어났다가, 멸망했다가! 넓혔다가, 쇠퇴했다가!

하하, 좀 복잡하지? 천천히 설명할게. 그러다 기원전 6세기경 아케메네스 왕조 페르시아라는 나라가 이 지역을 재통일했어. 줄여서 페르시아라고도 불렸던 이 나라를 거대한 제국으로 만든 왕은 다리우스 1세야. 서쪽으로는 이집트, 동쪽으로는 중앙아시아와 인더스강에 이르는 넓은 땅을 정복했단다. 드넓어진 나라를 다스리려면 할 일도 많았겠지? 다리우스 1세는 나라를 '주'라는 20개의 행정 구역으로 나눠서 총독을 파견했어. 그리고 총독들을 감시하기 위해 감찰관을 보냈는데, 이들을 '왕의 눈', '왕의 귀'라고 불렀어. 그리고 '왕의 길'도 뚫었어.

다리우스 1세의 모습

 길? 음, 혹시 왕의 명령을 빨리 전달하려고 뚫은 길인가요?

와, 정확해! 왕명도 신속하게 전달하고, 세금도 효율적으로 걷기 위해서였어. 페르시아는 정복지의 관습과 종교를 존중하고 문화를 받아들여 '세계 문화의 전시장'이라 불렸는데, 이는 아케메네스 왕조 페르시아의 수도였던 '페르세폴리스'만 봐도 알 수 있어.

공물을 바치러 온 사신들의 모습이 새겨져 있군. 페르시아의 건축술이 대단한 것 같다.

이 위쪽이 오늘날 이란에 남아 있는 페르세폴리스의 '만국의 문'이야. 그리스와 이집트 양식이 섞여 있는 것이 특징이지. 그 아래 사진은 사신들을 접대하던 곳인 '아파다나'의 계단 모습이고.

    드넓은 제국을 세우고 강력한 힘을 얻은 다리우스 1세는 그리스 지역에서 세력을 키워 가던 아테네를 정복하기로 결심해. 페르시아에게 정복당한 이오니아 지방과 몇몇 폴리스들이 반란을 일으키자 아테네가 그들을 지원했거든. 다리우스 1세는 수십만 대군을 이끌고 두 차례나 아테네를 정복하러 원정을 떠났지만, 모두 실패했단다. 훗날 다리우스 1세가 죽고 한 차례 더 떠난 원정도 페르시아의 패배로 끝났지.

 페르시아가 졌다고요? 대제국이라 당연히 이길 줄 알았는데.

당시 사람들도 놀랐을 거야. 이후 힘이 커진 아테네는 그리스 지역 폴리스들과 '델로스 동맹'을 맺고 다른 폴리스에 영향력을 행사했단다. 그러자 '펠로폰네소스 동맹'에 속한 스파르타를 비롯한 몇몇 폴리스들이 이에 불만을 품고 맞서서…….

 어떻게 됐는지 알 것 같다. 전쟁이다!

맞아. 결국 기원전 431년에 그리스 지역 패권을 차지하기 위한 전쟁이 벌어졌어. 그게 무려 30년간 세 차례나 일어난 '펠로폰네소스 전쟁'이야! 이 전쟁은 기원전 404년 아테네가 항복을 선언하면서 스파르타의 승리로 막을 내렸지만, 이후 아테네뿐 아니라 스파르타와 그리스 지역 폴리스들이 차례로 쇠퇴하기 시작했어. 반란과 함께 폴리스 간의 크고 잦은 전쟁이 계속되자 기원전 4세기경, 그리스 지역 북쪽에 있던 마케도니아가 그리스 지역의 폴리스들을 정복했단다.

그리스 지역 폴리스들이 쇠퇴했다고 해서, 민주 정치를 꽃피우고 뛰어난 건축술과 합리적인 문화를 발전시킨 그리스 문화까지 쇠퇴한 건 아니야. 그리스 문화를 널리 퍼뜨릴 준비가 된 새로운 인물이 등장했거든. 그가 바로, 아까 말했던 마케도니아의 왕 알렉산드로스!

알렉산드로스왕 동상의 모습

 오, 드디어! 삼촌, 마케도니아는 어떤 나라예요?

아까 마케도니아가 그리스 지역의 폴리스들을 정복했다고 했었지? 마케도니아인들은 그리스인들과 조상이 같았지만 '마케도니아어'라는 고유한 언어를 사용했어. 마케도니아가 부강해지기 시작한 건 필리포스 2세가 다스리면서부터야. 젊은 시절, 그리스 지역의 폴리스 중 하나였던 테베에서 3년이나 볼모로 지낸 필리포스 2세는 반드시 강한 나라를 만들겠다고 다짐했어. 그래서 왕자였던 알렉산드로스의 교육에도 힘을 쏟았지. 너희, 아리스토텔레스나 플라톤, 소크라테스라는 이름 들어 봤니?

 들어는 봤지만 잘 몰라요…….

하하! 솔직해서 좋구나. 세 사람 모두 고대 그리스 시대를 대표하는 철학자란다. 소크라테스의 제자가 플라톤이고, 플라톤의 제자가 아리스토텔레스인데, 세 사람 다 오늘날 서양 철학의 기초를 닦았다고 평가받는 인물들이지. 필리포스 2세는 아리스토텔레스를 마케도니아로 모셔와 어린 알렉산드로스를 가르치게 했어.

화가 라파엘로

알렉산드로스는 기원전 336년에 필리포스 2세의 뒤를 이어 왕이 되면서 테베를 포함한 그리스 주변 폴리스들과 동맹을 맺어 안정시킨 후, 기원전 334년에 세계 제국을 세우겠다는 꿈을 안고 동방 원정을 떠났지. 그리고 기원전 331년, 마침내 가우가멜라 전투에서 승리하면서 페르시아를 정복하는 데 성공했단다.

페르시아와의 전쟁에서 승리한 알렉산드로스는 마침내 오리엔트를 정복하며 대제국을 세웠어. 오리엔트는 '해가 뜨는 곳'이라는 뜻으로, 과거 이집트 문명과 메소포타미아 문명이 꽃피었던 지중해 동쪽 지역을 말해. 알렉산드로스는 대제국을 세우며 얻은 권력으로, 정복지에 자신의 이름을 딴 '알렉산드리아'라는 도시를 세우고 그리스인을 이주시켰어.

아, 자신의 이름을 딴 도시를 여럿 세웠다던 그 도시가 바로 알렉산드리아!

응, 맞아. 여러 곳의 알렉산드리아를 중심으로 그리스 문화가 퍼져 나가기 시작했어. 스승이었던 아리스토텔레스의 영향을 받은 까닭인지, 그리스 문화에 푹 빠져 있던 알렉산드로스는 그리스 문화와 학문을 장려하면서 동시에 정복지의 문화를 존중했어. 그러다 보니 알렉산드로스가 정복한 오리엔트 지역의 동양 문화와 서양의 그리스 문화가 어우러진 독특한 문화가 생겨났지. 바로 '헬레니즘 문화'!

 헬레니즘 문화요? 이름이 좀 뜬금없어요. 저라면 몇 글자씩 따서 '오리스 문화'나 '그리엔트 문화'라고 지었을 텐데…….

하하! 그것도 좋은 생각이네! 지난번에 그리스인들이 자신을 헬레네 신의 후손이라 여겨 '헬레네스'라 불렀다고 한 얘기 기억하니?

네, 기억나요.

헬레니즘은 그 말에서 유래된 단어야. 알렉산드로스는 스스로도 페르시아 공주와 결혼하고, 병사들도 페르시아 여자들과 결혼하게 하며 그리스 문화를 퍼뜨리려 노력했단다. 헬레니즘 문화는 공동체를 중시했던 그리스 문화와 달리, 개인의 가치를 중시했어. 그래서 헬레니즘 시대의 예술 작품을 보면 인간의 감정이 역동적이고 솔직하게 드러나 있지.

멀리 인도 지역에서도 헬레니즘 문화의 흔적이 발견된단다. 그 전까지는 불상을 수레바퀴인 법륜이나 연꽃 같은 상징물로 표현했는데, 헬레니즘 문화가 퍼진 뒤로는 사람 모습의 불상이 등장하기 시작했어. 이러한 불교 미술 양식을 '간다라 미술'이라고 한단다.

결국 그리스 문화를 널리 퍼뜨린 사람은 그리스 지역을 정복한 알렉산드로스였네요.

대단한 일이지. 그런데 알렉산드로스가 33살의 젊은 나이로 갑작스럽게 세상을 떠났어. 영토를 넓혀 가던 알렉산드로스는 인도 동쪽으로 더 깊숙이 진군하고 싶었지만, 오랜 원정으로 쌓인 피로와 인도 지역의 무더위, 전염병이 병사들을 괴롭혀 어쩔 수 없이 돌아왔어. 그 이후에 병을 얻어 갑자기 세상을 떠나고 만 거야.

헉! 그럼 그 넓은 알렉산드로스 제국은 누가 다스렸나?

안타깝게도 알렉산드로스에겐 왕위를 물려줄 후계자가 없었어. 때문에 힘센 장군들이 나라를 나누어 가지고 20여 년간 전쟁을 벌였지. 결국 알렉산드로스 제국은 세 왕조로 나뉘었어. 하지만 알렉산드로스의 동방 원정은 헬레니즘 문화의 탄생을 불러왔고, 이 헬레니즘 문화가 번성한 도시 알렉산드리아가 기하학˚으로 유명한 수학자 유클리드나 "유레카!"를 외친 물리학자 아르키메데스, 지구의 둘레를 잰 천문학자 에라토스테네스의 연구와 발견에 큰 역할을 하는 등 세계 문화와 학문에 많은 영향을 끼쳤단다.

• **기하학**: 도형이나 공간에 관해 연구하는 학문.

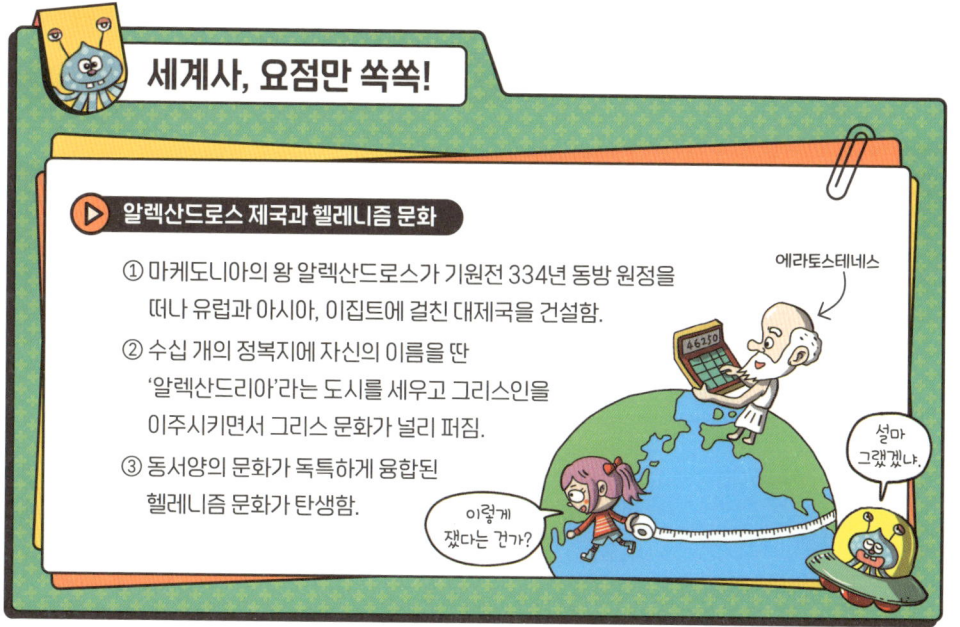

세계사, 요점만 쏙쏙!

▶ **알렉산드로스 제국과 헬레니즘 문화**

① 마케도니아의 왕 알렉산드로스가 기원전 334년 동방 원정을 떠나 유럽과 아시아, 이집트에 걸친 대제국을 건설함.
② 수십 개의 정복지에 자신의 이름을 딴 '알렉산드리아'라는 도시를 세우고 그리스인을 이주시키면서 그리스 문화가 널리 퍼짐.
③ 동서양의 문화가 독특하게 융합된 헬레니즘 문화가 탄생함.

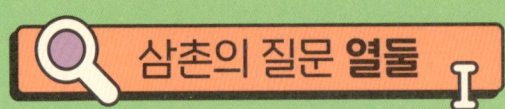

중국의 사상가인 공자, 맹자, 노자, 장자의 이름 속 '자(子)'의 뜻은?

기원전 1100년경, 천명사상을 주장하며 상을 무너뜨린 주는 황허강 일대를 지배하며 세력을 넓혔어. 그러나 시간이 지나 왕의 통치력이 약해지면서 주변 유목 민족의 침략을 받자, 기원전 770년 수도를 동쪽의 낙읍으로 옮겼지. 이 시기부터를 '춘추·전국 시대'라고 해. 춘추·전국 시대엔 각 지역이 독립해 나라를 세우고 세력 싸움을 하며 유능한 인재들을 등용하기 바빴어. 덕분에 공자와 맹자, 노자, 장자 등 수많은 학자들이 등장해 학문과 사상을 발전시켰단다.

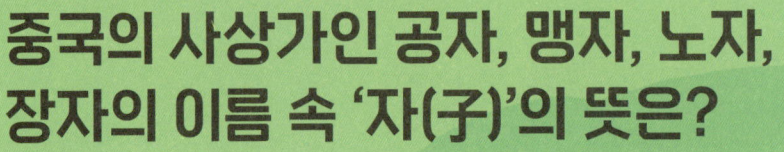

진(秦)의 진심을 믿어 주시오!

세계사 수업 12일 차 — 공자 왈 맹자 왈

자(子)는 춘추·전국 시대에 등장한 사상가들을 높여 부르는 말

 그런데요 삼촌, 공자와 맹자는 형제도 아닌데 왜 이름이 다 '자'로 끝나요? 돌림자예요?

아! 공자, 맹자는 진짜 이름이 아니야. 위대한 학자이자 스승으로서 존경한다는 뜻을 담아 후손들이 성씨 뒤에 '자(子)'를 붙여 부른 거지. 그래서 제자백가의 이름은 대부분 '자'로 끝난단다.

응? 제자백가? 제자가 백 명이라는 뜻인가?

하하, 그럴듯한데? 하지만 땡! 제자백가의 '제자(諸子)'는 여러 학자와 스승을, '백가(百家)'는 많은 학파를 뜻해. 대표적인 제자로는 공자, 맹자, 장자, 묵자, 열자, 한비자, 윤문자, 손자, 오자, 귀곡자 등이 있고, 대표적인 백가로는 유가, 도가, 묵가, 법가, 명가, 병가, 종횡가, 음양가 등이 있지.

 우아, 진짜 많네요. 학문과 사상이 엄청 발달한 시기였나 봐요.

그렇단다. 새 나라가 들어설 때는 그 과정에 아무 문제가 없다는 걸 뒷받침해 줄 사상이나 학문이 필요하거든. 주가 천명사상을 내세워 상을 무너뜨리고 새 나라를 세웠던 것처럼. 그래야 백성들이 받아들일 수 있으니까. 그런데 춘추·전국 시대는 각 지역에서 독립한 제후들이 나라를 세워 전쟁을 자주 벌이는 바람에 무척이나 혼란스러웠어. 이 혼란은 훗날 진(秦)이 중국을 통일할 때까지 약 550년 동안이나 계속돼. 그래서 이를 안정시킬 수많은 학자와 학문이 필요했던 거야.

 엇, 삼촌! 독립한 제후라니요? 제후는 또 뭔가요?

아, 내가 그 얘기를 안 했구나. 주는 '봉건제'를 실시하는 나라였단다. 봉건제란 왕이 넓은 땅을 잘 다스리기 위해 자신의 형제나 친척, 공을 세운 신하에게 땅을 주고 그 지역을 다스리는 '제후'로 임명하는 제도야. 제후는 그 대가로 왕에게 세금을 내며 충성하지. 주의 왕들은 각 제후들의 집안과 혼인으로 관계를 유지했는데, 200년쯤 지나자 제후들의 힘이 점점 커졌지. 그러다 기원전 8세기경 유목 민족이 쳐들어왔고 기원전 770년에 주가 수도를 옮기면서 세력이 급속도로 약해졌어. 이 틈을 타 각 제후들이 독립해 나라를 세웠고 주는 분열됐어. 공자가 이 시기를 《춘추》라는 역사책에 기록했다 해서 '춘추 시대'라 부르지.

그러니까 제후들이 더 강한 나라를 만들려고 전쟁으로 영토도 넓히고, 훌륭한 인재를 발굴해서 나라를 발전시키려 한 거네요.

바로 그거야! 그런데 이후 중국에 철기가 들어오면서 전쟁에 철제 무기를 사용하기 시작해 전쟁의 규모도 커지고, 더 치열해졌어. 또 철제 농기구도 사용하고 소를 이용한 농사법도 널리 퍼지면서 농업이 발달해 농업 생산량이 늘었지. 이때 남는 생산물을 활발히 사고팔게 되면서 상업도 발달하고 화폐도 등장했단다. 이와 함께 학문을 연구할 여유도 생겨났지.

춘추 시대까지만 해도, 많은 나라들이 주 왕실을 지킨다는 명분을 내세우며 싸웠어. 그런데 이어진 '전국 시대'는 달랐어. 주와 관계없이 무조건 싸워 이기는 게 목적인 시기였지. 전국 시대란 말은 유향이라는 학자가 지은 《전국책》에서 유래됐는데, 앞선 춘추 시대와 이 전국 시대를 합쳐 춘추·전국 시대라 부르는 거란다.

아, 참! 삼촌이 고사성어 얘길 빼먹을 뻔했구나. 춘추·전국 시대 때에 유래된 고사성어들이 많은데.

 아! 난 고사성어가 뭔지 안다. 버들 인간은 아나?

 당연하지. 고사성어는 옛이야기를 한자로 풀어낸 말이야. 아까 삼촌이 들려준 '맹모삼천지교(孟母三遷之敎)'도 고사성어 중 하나고.

와, 버들이 대단하네. 으뜸이는 생각나는 고사성어 없니?

아, 있어요! 어제 학교에서 배운 '와신상담(臥薪嘗膽)'!

그래. '와신(臥薪)'은 땔감 위에 누워 잔다는 뜻이고 '상담(嘗膽)'은 쓸개를 맛본다는 뜻이야. 춘추 시대에 '오'라는 나라의 왕이 '월'이란 나라와의 전쟁 중 목숨을 잃자, 왕자인 부차는 복수를 다짐했어. 일부러 불편하게 땔감 위에서 자며 신하들이 자신에게 "월의 왕 구천이 네 아비를 죽인 것을 잊었느냐!" 하고 말하게 했지. 그리고 얼마 후 구천과의 전쟁에서 승리했어. 그런데 이번엔 반대로 구천이 그 치욕을 잊지 않으려 매일 쓰디쓴 곰 쓸개를 핥았대. "부차에게 당한 치욕을 잊었느냐!"라 외치면서. 와신상담은 이 일을 빗댄 고사성어야.

 원수를 갚거나 계획한 일을 이루기 위해 어려움을 참고 견딘다는 뜻이네요.

그렇지. 이렇게 세상이 혼란할수록 영웅이 등장하는 법. 제자백가는 어지러운 춘추·전국 시대에 인간이란 어떤 존재이며 현실 문제를 해결하고 강한 나라를 만들려면 어떤 정치를 해야 하는지 고민했어. 자, 그럼 몇몇 제자백가들의 사상을 한번 들어보자.

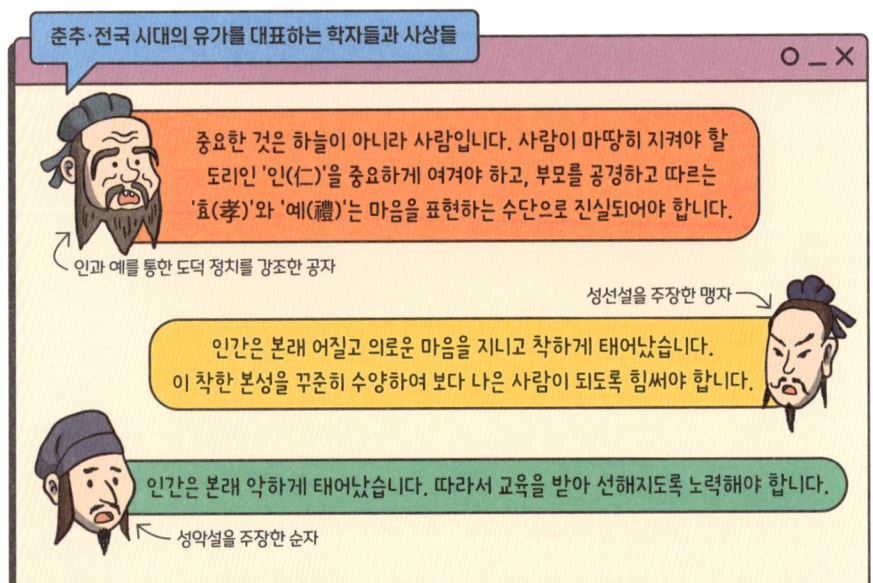

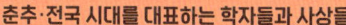

춘추·전국 시대를 대표하는 학자들과 사상들

모든 것은 자연스러워야 합니다. 그러니 억지로 꾸미거나 제도로 제약하지 말고 자연스럽게 순리대로 살면 모든 일이 잘될 것입니다.

↙ 도가를 주장한 노자

법을 공평하고 엄격하게 적용하는 것이 나라를 다스리는 기본입니다.

↙ 법가를 주장한 한비자

나를 사랑하듯이 남을 사랑하고, 사치와 낭비 없이 서로 이익을 나누면 나라가 평화로워질 것입니다.

묵가를 주장한 묵자 ↗

저는 공자의 가르침이 마음에 와닿네요. 저도 인과 효, 예를 지키며 살게요.

하하, 꼭 그래 주렴. 이렇게 수많은 학자가 등장해 훌륭한 사상을 펼친 이 시기를 '중국 사상의 황금기'라고 한단다.

세계사, 요점만 쏙쏙!

▶ **춘추·전국 시대와 제자백가**

인간은 본래 선하게 태어났습니다!
맹자

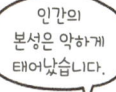
인간의 본성은 악하게 태어났습니다.
순자

① 주가 기원전 770년 수도를 낙읍으로 옮기면서 각 지역의 제후들이 독립된 나라를 세우고 잦은 세력 전쟁을 벌이며 춘추·전국 시대가 시작됨.

② 철기가 보급되면서 농업 생산력이 늘고 상업이 활성화됨.

③ 많은 나라들이 힘을 키우기 위해 훌륭한 학자들을 적극 등용함. 이때 활약한 수많은 학자와 학문, 사상을 '제자백가'라고 함.

삼촌의 질문 열셋

불로장생을 꿈꾸며 죽은 사람을 지키는 병사를 자기 무덤에 세운 인물은?

춘추 시대까지 중국 서쪽의 작은 나라였던 진은 전국 시대에 들어서면서 법을 중요하게 여기기 시작했어. 법을 어긴 사람에게 벌을 내리는 법가 사상을 바탕으로 나라를 엄하게 다스리며 힘을 키운 결과, 기원전 221년 중국 최초로 통일 제국을 이룩했지. 그러나 중국 최초의 통일을 이끈 이 황제는 법을 바탕으로 한 강압적인 통치와 만리장성이나 거대 무덤 같은 큰 토목 공사를 벌여 백성들의 반발을 샀단다. 과연 이 인물은 누구일까?

자신의 무덤에 실제 크기의 흙 인형 8,000여 개를 넣은 진시황제

에이, 삼촌! 설마 정말 살아 있는 병사들을 무덤에 넣었다는 말씀은 아니시지요?

아, 물론 살아 있는 사람을 순장했다는 기록도 있지만, 내가 낸 질문에서 말한 병사는 흙으로 빚은 인형이야. 진의 시황제는 약 50세에 세상을 떠났어. 그 말은 즉, 불로초를 찾지 못하고 영원히 사는 것에도 실패했단 뜻이지.

영원히 살고 싶었던 걸 보면 시황제는 권력이 엄청났던 사람인가 보다.

그랬지. 시황제는 열세 살이라는 어린 나이에 왕위에 올랐어. 당시 진은 작은 나라였지만, 춘추·전국 시대에 등장했던 사상 하나를 받아들이면서 부국강병*을 이루는 데 성공했고, 마

* **부국강병**: 나라를 부유하게 만들고 군대를 강하게 하는 것.

진의 황제가 된 시황제의 모습이야.

침내 중국을 최초로 통일했지. 그리고 중국 전설에 나오는 세 임금과 다섯 신인 '삼황오제'에서 글자를 따 와 '황제'란 호칭을 만들고 자신을 첫 황제란 뜻의 '시황제'라 높여 부르게 했어. 그럼 여기서 또 질문! 진은 춘추·전국 시대의 어떤 사상을 받아들여 부강해졌을까?

아, 분명 배웠는데! 공자, 맹자, 순자의 유가? 한비자의 법가? 묵자의 묵가? 노자의 도가?

우아, 버들이 기억력 굉장한데? 답은 그중 하나야. 진은 법가를 강조한 학자 상앙을 등용해 여러 개혁을 펼치며 부강해졌어. 전국 시대의 나라 중 위가 강력한 힘을 과시했는데, 진은 그 이유가 법으로 나라를 다스렸기 때문이라 생각했거든.

중국은 땅이 무척 넓은 나라 아닌가? 진이 통일된 제국을 다스리는 게 쉽지 않았을 것 같다.

제대로 봤다. 약 550년 동안이나 갈라져 있던 나라들이 하나가 되었으니 시황제가 할 일이 많았어. 먼저 시황제는 전국을 36개의 군으로 나누고, 그 밑에 여러 현을 두어 관리를 파견해 다스리는 '군현제'를 실시하고, 도로도 정비했어. 시황제도 종종 나라가 잘 돌아가는지 직접 살폈지. 또 이전에는 나라별로 각기 다른 문자나 화폐 등을 사용했는데, 통일 이후 시황제는 문자를 '전서체'라는 글자로 통일하고 화폐도 '반량전'이라 하는 진의 화폐로, 길이와 부피, 무게 등의 단위를 재는 법인 '도량형'의 기준도 각각 통일했지.

 나라만 통일한 게 아니었네요. 근데 이런 것들을 왜 통일했어요?

전에 함무라비왕 얘기할 때 살짝 말했었는데. 문자나 화폐, 도량형을 통일하면 사람들끼리 소통도 자유롭고, 물건을 사고팔 때 불편하지 않고, 세금 거두기도 좋잖아. 즉, 나라를 효율적으로 다스릴 수 있는 거지. 또 진은 나랏일을 하는 관리도 신분이나 출신이 아닌 능력에 따라 등용했단다.

 우아, 넓은 나라를 잘 다스리기 위해 정말 많은 일을 했네요.

하지만 반발하는 사람들이 나타나기 시작했어. 시황제가 법가 사상을 바탕으로 나라를 엄격하게 통치하자, 다른 사상을 받드는 학자들이

책을 불태워 사상을 통제한 진시황제

진의 정책들을 반대했거든. 이에 시황제는 의학, 점술, 농업에 관한 책과 진의 역사서를 제외한 모든 책을 거두어 불태우라 명했어. 이듬해엔 법을 어겼다는 이유로 460여 명의 유학자들을 산 채로 땅에 파묻었다고 전해지는데, 이 두 사건을 '분서갱유'라고 해.

 헉! 기껏 좋은 정책을 만들어 놓고, 그런 잔인한 짓을!

그러니 백성들의 불만이 커져 갔지. 게다가 북쪽의 몽골 지역에서 활약하던 기마 민족인 흉노가 침입해 오자, 시황제는 30만 대군으로 흉노를 물리친 뒤 백성들에게 전국 시대부터 쌓아 온 성곽들을 이어 '만리장성'을 쌓게 했어. 거대 궁궐인 '아방궁'도 짓게 했지. 가혹한 통치로 힘들어하던 백성들을 큰 규모의 공사로 더 힘들게 한 거야.

만리장성의 모습이란다. 지형의 높낮이를 고려하면 길이가 약 6,400킬로미터나 돼. 서울에서 부산까지의 거리가 400킬로미터 정도니, 얼마나 긴지 알겠지?

나, 지구별로 올 때 이 만리장성을 본 것 같다.

 시황제의 무덤도 엄청 거대하다고 들은 것 같아요.

맞아. 전에 갑골문에 대해 알아볼 때 말했던 중국의 역사서 《사기》에 의하면, 시황제는 중국을 통일하자마자 자신이 묻힐 거대한 무덤인 '진시황릉'을 짓게 했대. 그때 동원된 사람만 무려 70만 명에 이른다고 하지. 진시황릉은 현재의 중국 산시성의 시안이란 지역에 있어. 흙을 쌓아 언덕처럼 만든 거대한 봉분은 아직 발굴이 시작되지 않았지만, 진시황릉 부근의 땅굴에서 약 8,000여 개가 넘는 흙 인형이 발견됐지. 실제 사람 크기와 비슷한 병사와 신하, 말의 모습을 한 이 흙 인형을 '병마용'이라 하고, 병마용이 묻혀 있던 땅굴을 '병마용갱'이라고 한단다. 시황제는 죽어서도 이 병마용들이 자신을 지키도록 무덤에 세워 둔 거야.

시황제가 세상을 떠난 뒤에 진은 어떻게 됐나?

　강압적인 통치에 숨죽이고 있던 백성들이 곳곳에서 반란을 일으켰단다. 진승과 오광이라는 농민을 시작으로, 불만을 품었던 많은 농민과 병사들이 가담하면서 반란의 규모가 점점 커졌지. 결국 진의 군사들에게 진압되긴 했지만, 이 여파로 진은 기원전 206년에 멸망했어. 그리고 진 말기에 반란으로 세력을 일으킨 인물인 유방이 '한(漢)'이라는 나라를 세우고 몇 년 뒤 중국을 재통일했지. 이 모든 일은 진이 중국을 통일한 지 약 20년 만에 일어난 일이야.

세계사, 요점만 쏙쏙!

▶ 중국을 최초로 통일한 진의 시황제

① 중국을 최초로 통일한 진의 시황제는 강력한 법으로 넓은 나라를 다스림.
② 땅을 구역별로 나누어 다스리는 군현제를 실시하고 문자와 화폐, 도량형을 통일함.
③ 분서갱유를 일으키고 진시황릉이나 만리장성 건설 같은 큰 토목 공사를 지시해 백성들의 원성이 높아짐.
④ 시황제가 세상을 떠난 뒤, 반란이 일어나 진은 중국 통일 15년 만에 멸망함.

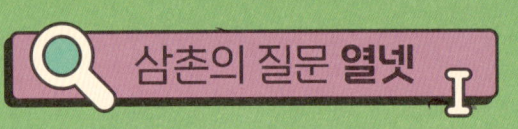

자비와 평등을 강조한 인도의 고타마 싯다르타가 창시한 종교는?

단단한 철기를 앞세워 인도 지역의 갠지스강에 자리 잡은 아리아인은 기원전 7세기경, 활발한 정복 전쟁으로 세력을 넓혔어. 그러자 무사 계급인 크샤트리아 세력이 커졌고, 농업과 상업의 발달로 농민과 상인 계급인 바이샤의 세력도 커졌지. 이들은 차별이 심한 브라만교와 카스트제에 불만을 품었고, 인도에 새 종교가 탄생했단다. 크샤트리아와 바이샤 계급은 자비와 평등을 강조한 이 종교를 크게 환영했어. 세계 3대 종교로까지 발전한 이 종교는 무엇일까?

해탈의 경지에 이르기 위해 힘써야 합니다.

• 해탈: 몸과 마음의 모든 고뇌에서 벗어나는 것을 말한다.

난 이곳에서 많은 사람을 구할 것이다.

왕실로 돌아와 왕위를 물려받으십시오.

세계사 수업 14일 차 | 불교의 고향

- **성불**: 덕을 완성하여 깨달음의 경지를 실현해 부처가 된다는 뜻의 불교 용어로, 우리나라에서는 불교 의식을 마친 후 '성불하십시오.'란 인사를 건네곤 한다.

브라만교의 차별에 반대하며 자비와 평등을 강조한 불교

얘들아, 너희 카스트제 기억하니? 아리아인이 인도 지역에 정착하면서 만든 신분 제도 말이야.

 그럼요! 완전 생생하게 기억하고 있어요.

 브라만이 제일 높은 계급이잖아요. 맞죠?

 카스트제에 속하지 못하는 불가촉천민도 있었다.

그래. 시간이 지나면서 브라만은 카스트제의 맨 꼭대기에서 더욱 큰 권력을 쥐게 되었어. 제사 의식과 절차도 브라만들 위주로 독점해 점점 더 까다롭게 만들었지. 다른 계급들이 쉽게 따라하지 못하도록 말이야.

 신에게 지내는 중요한 제사를 독점했다면, 재산도 엄청 많았겠어요. 다른 사람들이 제사에 쓸 제물을 많이 바쳤을 테니까요.

맞아. 브라만은 제사를 앞세워 점점 더 많은 것들을 요구했어. 그런데 아리아인의 정복 전쟁이 활발해지고 농업과 상업이 발달하면서, 무사가 속한 크샤트리아와 농민과 상인이 속한 바이샤 계급의 세력이 커졌단다. 그러니 브라만에 대한 불만이 점점 강해질 수밖에.

 아! 왠지 역사적으로 중요한 일이 일어났을 것만 같은 예감이 들어요.

으뜸이 예감이 적중했어. 갈수록 브라만에 반발하는 세력들이 커지면서, 결국 크샤트리아와 바이샤 계급을 중심으로 브라만의 횡포와 차별에 반대하는 새로운 종교들이 생겨났단다.

그 새로운 종교가 불교로군!

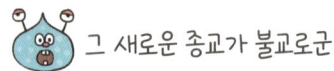 오오, 삼촌! 드디어 불교 이야기를 해 주시는 거네요!

그래. 그렇게 탄생하게 된 종교들이 바로 기원전 6세기쯤 등장한 '자이나교'와 '불교'란다. 버들이가 알고 있던 것처럼 불교가 중국에서 탄생했다는 건 완전히 잘못된 상식이야.

이건 오늘날의 인도 지도야. 이 부다가야라는 곳이 고타마 싯다르타가 깨달음을 얻은 곳이지.

 삼촌 선생, 자이나교는 처음 듣는다. 불교랑 어떻게 다른 종교인가?

음, 비슷하면서도 달라. 자이나교와 불교 둘 다 브라만교가 중요시했던 형식적인 제사보다는 개인의 수행을 중요하게 생각했어. 그중 자이나교는 깨달음을 얻으려면 견디기 힘든 어려운 수행, 즉 고행을 해야 한다고 강조했고 벌레 한 마리조차 실수로라도 죽이지 않도록 살생을 엄격히 금지했어.

빗자루를 들고 다니는 자이나교 승려들의 모습

자이나교의 살생 금지는 매우 엄격해서 농사를 짓느라 어쩔 수 없이 벌레를 죽여야 하는 농부보다는 주로 상업에 종사하는 상인들이 믿었어. 석가모니가 창시한 불교도 살생을 금지했지만 자이나교만큼 엄격하진 않았지.

 엥? 석가모니요? 아까는 고타마 싯다르타가 불교 창시자라 하셨잖아요!

와, 우리 버들이, 눈치챘구나! 석가모니는 불교의 창시자인 고타마

간다라 미술 양식으로 만들어진 석가모니 불상의 모습

싯다르타를 가리키는 말이야. 석가모니는 산스크리트어로 '샤카족의 성자'라는 뜻인데, 싯다르타가 이 샤카족 출신이었어. '깨어난 사람' 또는 '깨달은 사람'이란 뜻인 '붓다'도 주로 싯다르타를 가리키지. '부처'는 붓다를 한 자음으로 표기한 말이고.

 석가모니, 부처, 붓다……. 이제 좀 이해가 되는 것 같아요. 그런데요 삼촌, 고타마 싯다르타는 무슨 계급이었어요?

지금의 인도와 네팔 사이, 히말라야산맥 부근에 있는 작은 나라의 왕자였던 고타마 싯다르타는 크샤트리아 계급이었어. 16세에 결혼한 그가 풍요롭고 행복하게 살던 어느 날, 궁궐 밖에 나갔다가 노인과 환자, 죽은 사람을 차례로 보게 된 거야. 어떤 기분이 들었을 것 같니?

 도와줘야겠다고 생각했을 것 같아요.

 아니면 무서웠거나, 충격을 받았을 것 같다.

그래. 그 일은 고타마 싯다르타가 늙고 병들어 죽는 것에 대해 생각해 보는 계기가 됐어. 그리고 사람들이 왜 고통받는지 고민했지. 그러다 마지막으로 수행자를 만나게 됐어. 진리를 찾기 위해 수행하는 모습을 본 싯다르타는 29세에 집을 나와 세상과의 인연을 끊고 수행자가 되기로 결심했단다. 그래서 유명한 수행자들을 찾아가 얼굴이 퀭해지고 몸은 뼈만 남을 정도로 힘든 고행을 했어. 하지만 아무리 고행을 거듭해도 깨달음을 얻을 수 없었지. 그러던 중 보리수나무 아래에서 꼼짝 않고 명상을 했는데, 그제야 모든 고통의 원인은 욕심에서 나온다는 것을 깨달았단다.

깨달음은 책에서만 얻는 줄 알았는데……. 보리수나무 아래에서 깨달음을 얻었다는 말은 처음 들어 봤어요.

 불교는 등장하자마자 사람들한테 인기가 엄청 많았을 것 같아요.

불교가 인도 지역에 널리 퍼진 것은 훗날 세워진 마우리아 왕조 때야. 아, 마우리아 왕조에 대해 먼저 알려 줄게. 기원전 4세기경 인도 지역의 인더스강 부근이 마케도니아의 왕 알렉산드로스에게 점령당한 적이 있어. 그런데 알렉산드로스가 세상을 떠나자, 찬드라굽타 마우리아란 인물이 빼앗겼던 땅을 되찾고 주변 지역을 통일해 기원전 317년 마우리아 왕조를 세웠지. 마우리아 왕조는 찬드라굽타의 손자 아소카가 왕이 되면서 전성기를 맞았어. 이 아소카왕이 불교를 장려했단다.

 음, 삼촌. 아소카왕이 불교를 장려한 이유가 있나요?

물론 있지. 아소카왕은 전쟁으로 마우리아 왕조의 땅을 크게 넓힌 왕이었어. 그런데 기원전 261년 벵골만에 접해 있던 나라 칼링가와 치열한 전투를 벌여 승리한 결과, 죽거나 포로로 잡힌 사람이 무려 25만 명이 넘은 걸 알게 되었지. 이후 아소카왕은 정복 전쟁을 멈췄어. 이미 인도 대부분의 지역을 통일하기도 했고, 진정한 정복은 영토를 넓히는 것이 아니라 법과 도덕으로 사람들의 마음을 얻는 것이라는 걸 깨달은 거지. 불교를 깊이 믿게 된 아소카왕은 불교를 전파하고 불교의 가르침대로 나라를 다스렸어. 그러면서도 불교를 강요하거나 다른 종교를 탄압하지 않았대. 아소카왕은 이러한 자신의 뜻을 담은 돌기둥을 인도 각지에 세워 알렸단다.

전쟁을 돌아보고 새롭게 나라를 다스린 아소카왕, 멋있다.

지혜와 용기를 상징하는 사자는 왕의 권위를 나타내.

오른쪽은 아소카왕이 인도의 사르나트란 유적에 세운 돌기둥의 머리 부분이야. 맨 아래 새겨진 '법륜'은 인도 국기에서도 찾아볼 수 있어.

네 마리 동물 사이에 새겨져 있는 이 법륜(수레바퀴)은 불교의 법과 진리를 상징해.

앞뒤에 새겨진 코끼리, 소, 말, 사자는 각각 힘, 농사, 속도, 자연의 질서를 상징해.

 ## 세계사, 요점만 쏙쏙!

▶ 불교의 탄생

① 형식적인 제사를 중시하던 브라만교에 대한 반발로 개인의 수행을 중시하는 자이나교와 불교가 등장함.
② 고타마 싯다르타가 창시한 불교는 자비와 평등을 강조함.
③ 인도 지역 대부분을 점령한 마우리아 왕조의 아소카왕이 칼링가 전투 이후 불교를 적극 장려함.

삼촌의 질문 열다섯

큰 강이 아닌 밀림 지대에서 일어난 아메리카 대륙의 고대 문명은?

큰 강 주변에서 발달한 세계 4대 문명은 대부분 아프리카와 아시아 대륙에 집중되어 있어. 그럼 다른 대륙은 어땠을까? 세계 4대 문명에 속하진 않지만, 태평양 건너 아메리카 대륙에서도 문명이 일어났어. 그중 기원전 2000년경, 어느 민족이 오늘날의 멕시코와 유카탄 반도 지역에 걸친 밀림 지대에 터를 잡아 마을을 이루며 살기 시작했어. 그리고 5세기에서 8세기경에 문명을 눈부시게 발달시켰지. 과연 어떤 문명이었을까?

세계사 수업 15일 차 | 옥수수에 진심

• 올라: 에스파냐어(스페인어)로 '안녕하세요'라는 뜻이다.

수학, 건축, 천문학이 고도로 발달한 중앙아메리카의 마야 문명

삼촌 선생! 분명 지난번에 세계 4대 문명을 설명할 땐 큰 강 주변에서 문명이 일어났다고 했다. 그런데 밀림은 환경이 달라도 너무 다른 것 아닌가? 무덥고 나무까지 울창한 밀림이라니!

역시 아이큐 29,876다운 기억력이다! 마야인은 실제로 큰 강이 없는 지역에서 문명을 꽃피웠어. 멀리서 물을 끌어오는 관개 시설을 만들어서 농사도 지었지. 기원전 2000년경, 마야인이 정착했던 곳은 오늘날 멕시코의 남동부와 유카탄 반도 등의 지역이야. 이 지역들은 물이 무척 귀했기 때문에, 마야인은 작은 강이나 호수, 습지 근처에 마을을 세우고 농사를 지으며 살았지.

삼촌, 마야인들은 언제부터 옥수수 농사를 지었나요? 옥수수는 어떤 지역에서 잘 자라는지도 궁금해요.

토르티야가 맛있었나 보구나. 좋은 자세야! 마야인은 예부터 옥수수를 재배해서 주식으로 먹었어. 옥수수를 신이 준 선물이라 생각했을 정도지. 그런데 옥수수는 재배하기 꽤 까다로운 작물이라, 날씨와 시기를 잘 맞춰 농사지어야 했어. 그런데 앞서 말했다시피 마야인이 살던 곳은 산과 밀림이 우거진, 덥고 습하고 척박한 곳이었어. 게다가 1년의 절반 정도는 비가 많이 오는 '우기', 나머지 절반은 비가 잘 오지 않는 '건기'가 반복되어서 건기가 끝날 때를 잘 맞춰 옥수수를 심는 게 중요했지. 그래서 날씨와 농사에 관한 지식이 중요해지자 마야인들은······.

 저요, 저! 정답! 날씨와 농사에 관해 열심히 공부했다!

하하! 그 말도 일리가 있다. 하지만 진짜 정답은 날씨와 농사 지식을 가진 사람들이 지배 계급이 되었다는 거야. 또 큰 강이 없으니 농사지을 물을 멀리서 끌어오는 데 필요한 수학, 과학, 건축 기술이 발달했어. 피지배 계급은 지배 계급의 지시대로 농사를 짓고 제사도 지내고 거대 도시와 건축물까지 지으며 놀라운 문명을 이룩했지.

이제 이해가 됐어요. 전에 텔레비전에서 마야 문명에 관한 다큐멘터리를 본 적 있는데, 굉장한 유물, 유적들이 많더라고요.

그랬구나. 다른 고대 문명들이 그랬듯, 마야 문명도 여러 도시 국가가 모여 형성된 문명이었어. 주변 낮은 지대의 밀림뿐 아니라 높은 산지에서도 마야 문명의 흔적이 발견됐지. 그런데 신기하게도 모두 같은 마야 문자를 쓰면서도 언어는 서로 달랐대. 아마 고립된 지역에 모여 살면서 가까운 사람끼리만 소통했기 때문일 거야. 서울 사람이 제주도 방언을 알아듣기 어려운 것처

마야 문자의 모습

럼. 참! 그리고 마야인들은 소금이나 도자기 같은 필수품부터 초콜릿의 원료인 카카오, 금 등의 사치품까지 서로 사고팔았어. 특히 카카오는 마야 문명을 대표하는 작물인데, 이 역시 옥수수처럼 신이 준 선물이라고 여겼대. 마야인이 카카오를 재배하지 않았다면 우린 지금 초콜릿 자체를 알지 못하고 살았을지도 몰라.

 저 초콜릿 엄청 좋아하는데. 마야인, 고맙습니다!

마야 문명이 멸망하고 마야 문자가 해독되면서 많은 사실들이 밝혀졌어. 마야 문명은 사람의 뼈 수술을 할 정도로 의학이 발달했지만 제사를 지낼 때 사람을 제물로 바치는 인신 공양 풍습이 있었다는 것, 주로 돌로 거대한 건축물을 지었고 조각 기술이 뛰어났다는 것 등이지. 아, 마야인도 피라미드를 지었어.

 피라미드는 이집트 파라오의 무덤인데, 마야인이 지었다는 건가?

피라미드의 뜻 자체는 돌이나 벽돌을 쌓아 사각뿔 모양으로 만든 거대 건축물이야. 그러니 이집트뿐 아니라 어디서든 피라미드를 지을 수 있지. 마야 문명의 도시들을 보면 보통 중앙에 커다란 광장이 있고 한쪽엔 제사를 지내는 신전이 있어. 이 신전들이 주로 피라미드 형태로 되어 있지. 마야의 피라미드는 이집트처럼 정교하고 매끈하게 쌓아 올리진 않았지만, 그 규모만큼은 이집트 피라미드 못지않아.

마야 문명의 도시, '티칼' 유적의 모습

맨 오른쪽에 높게 솟아 있는 건축물이 마야인들이 만든 '1호 신전' 피라미드로, 높이가 약 47미터나 돼.

우르의 지구라트보다는 높은데, 이집트 쿠푸왕의 피라미드보다는 낮네요!

으뜸이 기억력이 외계인 못지않구나. 아, 참! 그리고 마야인은 천문학에 대한 지식이 매우 뛰어났어. 마야인은 여러 달력을 사용했는데, 260일을 1년으로 보는 종교 의식용 달력도 있었고 365일을 1년으로 보는 일반 태양력 달력도 있었어. 물론 지금 우리가 쓰는 태양력과는 계산법이 조금 다르지만, 약 3,000년 전에 우주 천체의 움직임을 읽었고, 낮과 밤의 길이가 같아지는 절기인 춘분과 추분도 정확히 예측했다니 대단하지? 또 수학도 무척 발달해서 숫자 0의 개념을 이해하고 사용할 정도였어.

마야인이 사용하던 달력이야. 달력이 원 형태인 건 1년이 계속 반복된다는 의미가 담겨 있대.

 망원경도 없던 시절에 어떻게 천문학이 그만큼 발전했어요?

마야인은 천문대나 높은 산, 거대한 신전에 올라가 해와 별, 달의 움직임을 관찰했어. 이렇게 하늘을 관찰하던 신전으로는 오늘날 멕시코 지역에 있는 마야 문명의 도시 유적인 치첸이트사에 있는 '엘 카스티요' 신전이 유명해. '쿠쿨칸 피라미드'라고도 하지.

지구별에는 우리 외계인이 마야 문명을 멸망시켰단 소문이 돈다고 들었다.

엘 카스티요 신전의 모습

소문이 너희 별까지 났니? 실제로 마야 문명은 10세기경 갑자기 몰락했다가 일부 마야인들이 다시 명맥을 이었대. 하지만 에스파냐의 침략으로 17세기경 완전히 멸망하면서 많은 유물이 파괴되고 훼손된 탓에, 갑작스러운 몰락 원인을 밝히기 어려워졌지. 아마 뜻밖의 자연재해나 기후 변화로 식량난이 심해지면서 지배 계급이 무너진 것이 아닐까 추측만 하고 있단다.

세계사, 요점만 쏙쏙!

▶ 중앙아메리카의 마야 문명

① 덥고 습한 밀림에서 문명을 꽃피운 마야인들은 주식인 옥수수를 재배함.
② 마야 문명은 매우 정교한 달력을 만들어 사용했을 정도로 천문학과 수학이 발달함. 
③ 약 3,000년 동안 지속된 마야 문명이 10세기경 갑자기 몰락한 원인은 아직 정확히 밝혀지지 않았음.

곧 낮과 밤의 길이가 같아지겠군.

아닌 밤중에 갑자기 중간시험?

"삐익! 삐이익!"

갑자기 울린 경고음에 외계인이 태블릿 PC를 확인하고는 울상을 지으며 말했습니다.

"이런! 큰일났다……."

"왜? 무슨 일이야?"

버들이가 깜짝 놀라 물었습니다.

"중간시험을 봐야 한다! 그동안 지구별 역사 공부를 잘하고 있었는지 불시에 확인한다는 메시지가 왔다!"

"윽! 외계인, 너 머리 좋으니까 자신 있지? 빨리 자신 있다고 말해!"

으뜸이가 안절부절못하자 버들이가 똑 부러지게 말했습니다.

"뭐가 그렇게 걱정돼? 그동안 우리 같이 열심히 공부했잖아."

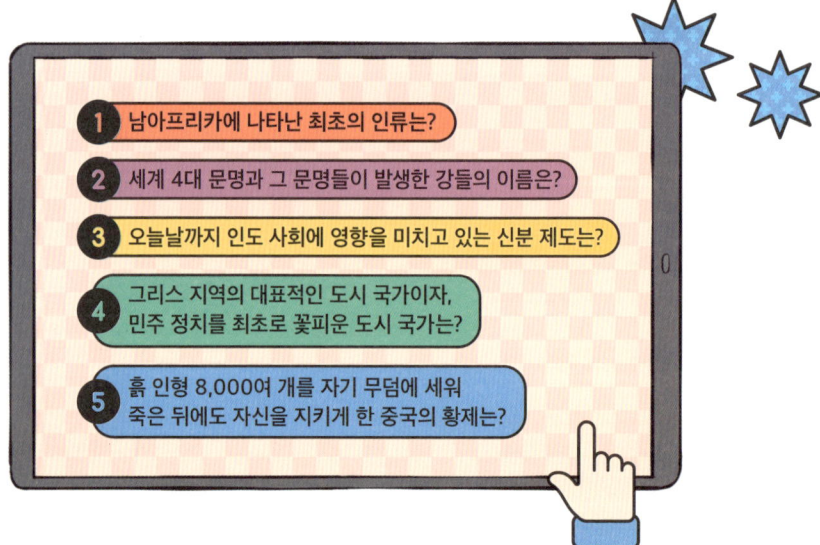

1. 남아프리카에 나타난 최초의 인류는?
2. 세계 4대 문명과 그 문명들이 발생한 강들의 이름은?
3. 오늘날까지 인도 사회에 영향을 미치고 있는 신분 제도는?
4. 그리스 지역의 대표적인 도시 국가이자, 민주 정치를 최초로 꽃피운 도시 국가는?
5. 흙 인형 8,000여 개를 자기 무덤에 세워 죽은 뒤에도 자신을 지키게 한 중국의 황제는?

갑자기 태블릿 PC에 뜬 문제를 본 외계인은 자신만만한 얼굴로 태블릿 PC에 정답을 차례로 입력했습니다.

"흠, 생각보다 쉽다. 남아프리카에 나타난 최초의 인류는 오스트랄로피테쿠스 아파렌시스다!"

"오! 제법인데?"

으뜸이가 놀라자 외계인은 어깨를 으쓱하며 말했습니다.

"잊었냐? 내 아이큐는……."

"알아, 알아. 29,876이라며!"

버들이가 외계인의 말허리를 뚝 끊었습니다. 아무래도 외계인의 좋은 기억력이 샘나는 모양입니다.

외계인은 아랑곳 않고 문제를 계속 풀어 나갔습니다.

"2번 문제도 누워서 떡 먹기다. 메소포타미아 문명은 티그리스강과 유프라테스강, 이집트 문명은 나일강, 중국 문명은 황허강, 인도 문명은 인더스강이다. 3번의 답은 카스트제다. 4번의 답은 아테네다. 음, 아테네에 대해 배울 때 나도 아테네에 가서 아크로폴리스를 직접 보고 싶다는 생각을 했었다."

"와, 지금까지…… 완벽하게 다 맞았어! 외계인, 마지막 5번 문제만 남았어! 힘을 내!"

버들이는 외계인의 실력에 놀라움을 감추지 못하며 진심으로 응원했습니다. 외계인은 버들이가 고마웠습니다. 며칠 전 타로점을 봐 주었을 땐 고향별에 돌아갈 수 없을지도 모른다고 해서 내심 서운했었기 때문입니다.

"5번도 문제없다. 5번 문제 답은 중국을 최초로 통일한 나라인 진의 시황제다!"

외계인이 모든 문제를 막힘없이 풀자 경쾌한 효과음과 함께 태블릿 PC 화면에 새 메시지가 떴습니다. 중간시험을 통과했으니, 다음 수업을 계속 진행해도 좋다는 내용이었습니다.

"휴, 다행이다. 갑자기 중간시험이라니, 당황했어."

"나도. 어려운 문제가 나올까 봐 걱정했네."

"난 이대로 고향별에 못 돌아가는 줄 알았다."

으뜸이와 버들이와 외계인이 한꺼번에 안도의 한숨을 쉬며 가슴을 쓸어내렸습니다. 그때, 삼촌이 또 문을 벌컥 열고 들어왔습니다.

"얘들아, 뭐 하니?"

으뜸이와 버들이는 외계인의 중간시험 얘기는 숨긴 채, 입을 꾹 다물고 아무 일 없다는 눈빛으로 삼촌을 바라보았습니다. 삼촌이 으뜸이와 버들이에게도 중간시험을 보겠다고 하면 큰일이니까요.

아무것도 모르는 삼촌은 씨익 웃으며 말했습니다.

"너희, 오늘따라 눈빛이 또랑또랑하다. 배움의 열정이 넘치는 눈빛이야. 마음에 든다!"

"삼촌, 저희 이제 뭐 배워요?"

으뜸이가 물었습니다.

"아, 지금까지 인류와 문명, 고대의 통일 제국이 어떻게 탄생했는지 알아봤으니 이젠 그 제국들이 어떻게 성장하고, 어떻게 쇠해 가는지를 살펴봐야지. 특히 서양 역사에 큰 영향을 미친 로마 제국에 대해 자세히 알아볼 거야. 그리고 우리와 가까운 중국과 일본의 고대 역사에 대해서도."

"삼촌 선생, 기대된다. 빨리 알려 줘라."

외계인이 관심을 보였지만, 삼촌은 고개를 가로저으며 말했습니다.

"얘들아, 오늘은 힘들 것 같다. 내가 몸이 뻐근해서 운동 좀 하고 와야겠어. 그러니 너희도 하루쯤 푹 쉬렴. 나가서 놀아도 좋고, 지금까지 배운 걸 복습하면 더 좋고!"

말을 마친 삼촌은 뒤돌아서 방을 나갔습니다. 남겨진 으뜸이와 버들이, 외계인은 어리둥절한 얼굴로 서로를 바라보았습니다. 그러고는 약속이라도 한 듯 삼촌을 따라 밖으로 뛰어나갔습니다.

"삼촌! 같이 가요!"

사진 출처

•23 오스트랄로피테쿠스 발자국 화석 (ⒸFidelis T Masao and colleagues/ CC BY 4.0 https://commons.wikimedia.org/wiki/File:Test-pit_L8_at_Laetoli_Site_S.jpg) •25 오스트랄로피테쿠스 아파렌시스(루시) (ⒸWorld History Archive / Alamy Stock Photo) •26 침팬지와 인간의 손 (Ⓒ이미지파트너스) •36 주먹도끼와 찍개, 긁개 (Ⓒ국립중앙박물관) •37 알타미라 동굴 벽화 (Ⓒ셔터스톡) •41 빗살무늬 토기와 뒤지개, 갈판, 갈돌 (Ⓒ국립중앙박물관) •50 세형 동검과 비파형 동검 (Ⓒ국립중앙박물관) •57 우르 지구라트 (Ⓒ이미지파트너스) •59 함무라비 법전 (Ⓒ셔터스톡) •60 쐐기 문자 점토판 (Ⓒ셔터스톡) •68 카프레왕 피라미드와 스핑크스 (Ⓒ셔터스톡) •71 이집트의 3대 피라미드 (Ⓒ셔터스톡) •74 카노푸스 단지 (ⒸArchive PL / Alamy Stock Photo) •75 사자의 서 (ⒸHistory and Art Collection / Alamy Stock Photo) •76 로제타석 (Ⓒ셔터스톡) •82 갑골문 (ⒸGRANGER - Historical Picture Archive / Alamy Stock Photo) •85 상의 청동기 (Ⓒ국립중앙박물관) •88 (위) 부호 왕비 무덤 내부 (ⒸChina Images / Alamy Stock Photo) (아래) 부호 왕비 무덤 내부 (ⒸShengguangping Sheng / Dreamstime.com) •96 인더스 인장 (Ⓒrobertharding / Alamy Stock Photo) •97 모헨조다로 대형 목욕장 (Ⓒ셔터스톡) •98 갠지스강의 사람들 (Ⓒ셔터스톡) •99 모헨조다로 춤추는 소녀 청동상 (ⒸNick Bobroff / Alamy Stock Photo) •108 리그베다 (위키피디아 CCO) •118 갤리선 부조 (ⒸHeritage Image Partnership Ltd / Alamy Stock Photo) •131 그리스 아테네 아크로폴리스 전경 (Ⓒ셔터스톡) •133 페리클레스 동상 (Ⓒ셔터스톡) •135 레오니다스 동상 (Ⓒ셔터스톡) •141 다리우스 1세 부조 (Ⓒ셔터스톡) •142 페르세폴리스의 만국의 문과 아파다나의 계단 (Ⓒ셔터스톡) •144 알렉산드로스왕 동상 (ⒸBrian Gibbs / Alamy Stock Photo) •145 아테네 학당 (Ⓒ셔터스톡) •146 가우가멜라 전투 부조 (ⒸCC BY-SA 3.0 Luis García (Zaqarbal) https://commons.wikimedia.org/wiki/File:Batalla_de_Gaugamela_(M.A.N._Inv.1980-60-1)_02.jpg) •148 라오콘상 (Ⓒ셔터스톡) •157 춘추·전국 시대 화폐 (ⒸRobert Kawka / Alamy Stock Photo) •164 진시황제 (ⒸPictorial Press Ltd / Alamy Stock Photo) •167 만리장성 (Ⓒ셔터스톡) •168 병마용갱 (Ⓒ셔터스톡) •177 자이나교 승려 (ⒸSumit Saraswat / Alamy Stock Photo) •178 간다라 양식 석가모니 불상 (ⒸLos Angeles County Museum of Art) •181 아소카왕 돌기둥 (ⒸDinodia Photos / Alamy Stock Photo) •188 마야 문자 (Ⓒ이미지파트너스) •189 티칼 유적 (Ⓒ셔터스톡) •190 마야 달력 (Ⓒ이미지파트너스) •191 엘 카스티요 신전 (Ⓒ셔터스톡)

사진 진행: 이미지파트너스